Curso

*La diferencia entre aprobar
y sacar plaza*

Auxiliar Administrativo/a

AYUNTAMIENTO DE ALCALÁ DE GUADAÍRA

Si aún no dispones de tu **Curso MAD360**, te ofrecemos un acceso GRATIS de 30 días para que disfrutes de los siguientes recursos:

- Técnicas de Memoria 360.
- MADTEST: Test *online* Nivel PRO.
- Temario en formato digital.
- Vídeos.
- Esquemas.
- Planificación de estudio.
- Foro entre opositores hasta la fecha del examen.*
- Recursos y novedades exclusivas.
- Consúltanos sobre tu oposición y proceso selectivo.
- Actualizaciones legislativas (Boletines Oficiales) hasta 60 días antes de la fecha del examen.*

Para acceder a esta prueba del Curso MAD360** será necesaria la compra de todos los libros para esta especialidad de la edición 2025.

Regístrate en **mad.es/iniciar-sesion** y en la pestaña MIS CURSOS valida los códigos que encuentras en la última página de tus libros.

NOTA IMPORTANTE:

* Examen de esta categoría profesional correspondiente a la convocatoria publicada en el BOP de Sevilla n.º 207, de 28 de octubre de 2025, o hasta el 31 de diciembre de 2026, lo que se cumpla antes, y previa renovación del servicio.

** El acceso al CURSO MAD360 estará disponible desde diciembre de 2025 (algunos recursos podrían estar disponibles en fecha posterior). Tendrá una duración de 30 días RENOVABLES mediante pago, desde la validación de códigos, o hasta el 30 de junio de 2027, lo que se cumpla antes.

MAD se reserva el derecho a ampliar dichas fechas.

Auxiliar Administrativo/a del Ayuntamiento de Alcalá de Guadaíra

Noviembre, 2025

Auxiliar Administrativo/a del Ayuntamiento de Alcalá de Guadaíra

Test del temario

LIDIA MARINA PONCE MARTÍNEZ
Licenciada en Psicología

PATRICIA PÉREZ SÁNCHEZ-ROMATE
Licenciada en Derecho

FRANCISCO JESÚS TORRES FONSECA
Licenciado en Derecho

MIGUEL ÁNGEL NAVAS DUEÑAS
Ingeniero Superior en Telecomunicaciones

JOSÉ ANTONIO GUERRERO ARROYO
Cuerpo Superior de Letrados

RAÚL VARELA MASSA
Licenciado en doble grado de Ciencias Políticas
y de la Administración y Sociología

© 7 Editores Recursos para la Cualificación Profesional y el Empleo, S.L. (7 Editores)
© Los autores
Primera edición, noviembre 2025 (158 páginas)
Derechos de edición reservados a favor de 7 Editores
IMPRESO EN ESPAÑA
Diseño Portada: 7 Editores
Edita: 7 Editores
Avda. San Francisco Javier, 9 · Edificio Sevilla 2 · Planta 11 · Módulos 25-27 · 41018 Sevilla
Teléfono: 954 784 411 · WEB: www.mad.es · e-mail: administracion@7editores.com
ISBN: 979-13-702-8287-5
© "Editorial Mad" y "Eduforma" son nombres comerciales registrados de
7 Editores Recursos para la Cualificación Profesional y el Empleo, S.L.

Índice

GRUPO I. MATERIAS COMUNES

GRUPO II. MATERIAS ESPECÍFICAS

MATERIAS COMUNES

GRUPO I

TEST N.º 1

La Constitución española (I). La Constitución Española de 1978. Estructura y contenido esencial. España como Estado Social y Democrático de Derecho y los valores superiores del ordenamiento jurídico. Los derechos y deberes fundamentales. La protección y suspensión de los derechos fundamentales

1. El artículo 10 de la Constitución Española contempla:

a) Que la dignidad de la persona es fundamento del orden político y de la paz social.
b) El primero de los derechos fundamentales contenidos en la misma.
c) La prohibición de lesión a la persona física.
d) La interpretación de la Declaración Universal de Derechos Humanos conforme a la Constitución Española.

2. ¿Cuál de los siguientes no se especifica en el artículo 10.1 como fundamento del orden político y la paz social?

a) La dignidad de la persona.
b) Los derechos inviolables de la persona.
c) La seguridad jurídica.
d) El libre desarrollo de la personalidad.

3. En relación con la dignidad de la persona:

a) En realidad, la Constitución solamente la reconoce a la persona en tanto que ciudadana.
b) Puede verse alterada, jurídicamente hablando, atendiendo a la situación en que la persona se encuentre.
c) No admite grados.
d) Es renunciable y disponible.

4. El artículo 10 de la Constitución Española:

a) No reconoce el valor de los Tratados Internacionales, dándole el máximo y único valor a la Constitución.

b) Dispone que los tratados y acuerdos ratificados por España sirven de parámetro interpretativo de los derechos y libertades establecidos en la Constitución.

c) Reconoce únicamente validez, en relación con los derechos humanos, a la Declaración Universal de Derechos Humanos.

d) Establece que los Tratados Internacionales ratificados por España se situarán en una posición superior en la jerarquía normativa respecto de la Constitución.

5. De la Constitución se desprende que:

a) Los derechos y libertades establecidos en Tratados internacionales no tienen valor.

b) Los derechos y libertades establecidos en Tratados internacionales tienen rango constitucional.

c) Los derechos y libertades establecidos en Tratados internacionales tienen rango constitucional únicamente en la medida en que también estén reconocidos en la Constitución Española.

d) Los derechos reconocidos en Tratados internacionales tienen eficacia directa, por este hecho, en los tribunales españoles, aunque no hayan estado ratificados por el Estado español.

6. En relación con la nacionalidad española:

a) La Constitución establece que solamente se puede adquirir por nacimiento.

b) Se adquiere únicamente por nacimiento, no obstante, un extranjero puede optar a la residencia.

c) Se puede adquirir.

d) Nunca se puede perder.

7. En base a la Constitución Española:

a) Un español nunca puede perder su nacionalidad.

b) Ningún español de origen podrá ser privado de su nacionalidad.

c) La nacionalidad siempre se conserva.

d) No se admite la doble nacionalidad de un español.

8. En relación con la doble nacionalidad:

a) La Constitución Española no la permite.

b) El Estado puede concertar tratados de doble nacionalidad con los países iberoamericanos o con aquellos que hayan tenido o tengan una particular vinculación con España.

c) Solamente se puede reconocer en relación con la nacionalidad de otros países europeos.

d) Solamente se puede reconocer en relación con antiguos países que formaban parte de la Corona española.

9. ¿Cuál de las siguientes afirmaciones es falsa?

a) No es la primera vez que una Constitución Española regula aspectos relacionados con la nacionalidad.

b) La Constitución Española no es la única a nivel mundial que contiene regulación respecto de la nacionalidad de los ciudadanos del Estado.

c) En la Constitución se desarrollan las formas de adquisición, conservación y pérdida de la nacionalidad española, dada su importancia.

d) La nacionalidad es una cualidad jurídica de la persona.

10. En base al artículo 12 de la Constitución Española:

a) Los españoles se pueden emancipar a los dieciocho años.

b) Los españoles se pueden emancipar a los dieciséis años.

c) Los españoles son mayores de edad a los dieciocho años.

d) Los españoles son mayores de edad a los veintiún años.

En MADTEST tienes **más preguntas de este tema**, y todos tus avances quedan registrados y se reflejan en el ranking.

¡Supera tus límites con MADTEST!

Solución al test n.º 1

1. a) Que la dignidad de la persona es fundamento del orden político y de la paz social.

2. c) La seguridad jurídica.

3. c) No admite grados.

4. b) Dispone que los tratados y acuerdos ratificados por España sirven de parámetro interpretativo de los derechos y libertades establecidos en la Constitución.

5. c) Los derechos y libertades establecidos en Tratados internacionales tienen rango constitucional únicamente en la medida en que también estén reconocidos en la Constitución Española.

6. c) Se puede adquirir.

7. b) Ningún español de origen podrá ser privado de su nacionalidad.

8. b) El Estado puede concertar tratados de doble nacionalidad con los países iberoamericanos o con aquellos que hayan tenido o tengan una particular vinculación con España.

9. c) En la Constitución se desarrollan las formas de adquisición, conservación y pérdida de la nacionalidad española, dada su importancia.

10. c) Los españoles son mayores de edad a los dieciocho años.

TEST N.º 2

La Constitución española (II).
Título II: La Corona. Título III: Las Cortes Generales

1. Establece la Constitución Española que el Rey:

a) Es el Presidente del Estado.
b) Es el primer Ministro del Estado.
c) Es el Jefe del Estado.
d) Es el Presidente de la Nación.

2. Establece el artículo 56.2 de la Constitución Española que el título del Rey es el de:

a) Príncipe de las Españas.
b) Rey de las Españas.
c) Rey de España.
d) Corona de España.

3. El Rey de España:

a) Solamente puede utilizar el título de Rey.
b) Solamente puede utilizar el título de Rey y el de Príncipe.
c) Solamente podrá utilizar aquellos títulos de la Corona que el Congreso determine.
d) Podrá utilizar todos los títulos que correspondan a la Corona.

4. El Rey:

a) Arbitra pero no puede moderar el funcionamiento regular de las instituciones.
b) Asume la más alta representación del Estado español siempre y en todo caso.
c) Es símbolo de la unidad y permanencia del Estado español.
d) No puede asumir representación del Estado a nivel internacional.

5. Establece el artículo 56.3 de la Constitución que la persona del Rey:

a) Es inviolable y no está sujeta a responsabilidad.
b) Es inviolable pero está sujeta a responsabilidad.
c) Ni es inviolable ni está sujeta a responsabilidad.
d) Puede llevar a cabo habitualmente actos sin refrendo alguno.

6. En relación con el refrendo de actos:

a) Nunca deben ir refrendados los actos del Rey.
b) La Constitución Española establece que siempre deben ir refrendados, pero en la práctica no pasa nada si no es así.
c) La Constitución Española establece que siempre deben ir refrendados, bajo pena de invalidez en todo caso.
d) La Constitución Española establece que siempre deben ir refrendados, bajo pena de invalidez, excepto en determinados casos.

7. El artículo 56 de la Constitución:

a) Es el primer artículo de la parte orgánica de la misma.
b) Es el primer artículo de la parte dogmática de la misma.
c) Es el primer artículo de la Constitución Española.
d) Es el último artículo de la Constitución Española.

8. En términos generales, ¿cuántas funciones atribuye el artículo 56 al Rey de España?

a) Una.
b) Dos.
c) Tres.
d) Cuatro.

9. ¿Qué privilegios del Rey se recogen en el artículo 56 de la Constitución?

a) La irresponsabilidad y la inviolabilidad.
b) La inviolabilidad y la desconexión.
c) La riqueza y la irresponsabilidad.
d) La responsabilidad y la inviolabilidad.

10. La idea de permanencia establecida en al artículo 56 de la Constitución Española, alude a que:

a) El Rey siempre va a ser inamovible, no hay opción.
b) Los Reyes suelen vivir mucho tiempo en España.

c) El título de Rey es hereditario.
d) No tiene ningún significado relevante.

En MADTEST tienes **más preguntas de este tema**, y todos tus avances quedan registrados y se reflejan en el ranking.

¡Supera tus límites con MADTEST!

Solución al test n.º 2

1. c) Es el Jefe del Estado.

2. c) Rey de España.

3. d) Podrá utilizar todos los títulos que correspondan a la Corona.

4. c) Es símbolo de la unidad y permanencia del Estado español.

5. a) Es inviolable y no está sujeta a responsabilidad.

6. d) La Constitución Española establece que siempre deben ir refrendados, bajo pena de invalidez, excepto en determinados casos.

7. a) Es el primer artículo de la parte orgánica de la misma.

8. c) Tres.

9. a) La irresponsabilidad y la inviolabilidad.

10. c) El título de Rey es hereditario.

TEST N.º 3

La Constitución española (III). Título IV: El Gobierno y la Administración. Título V. De las relaciones entre el Gobierno y las Cortes Generales

1. Según exige la Constitución Española, el Congreso de los Diputados otorga su confianza al candidato a la Presidencia del Gobierno:

a) Por mayoría especial de 3/5 de sus miembros.
b) Por mayoría cualificada de 2/3 de sus miembros.
c) Por mayoría absoluta de sus miembros.
d) Por mayoría simple de sus miembros.

2. El Rey propone al candidato a la Presidencia del Gobierno:

a) Mediante Real Decreto.
b) A través del Presidente del Gobierno saliente.
c) A través del Presidente del Congreso.
d) Ninguna respuesta es correcta.

3. La acusación de traición al Presidente y demás miembros del Gobierno en el ejercicio de sus funciones, puede ser planteada por:

a) Cualquier ciudadano mediante la acción popular.
b) Las Cortes Generales.
c) La cuarta parte de los miembros del Congreso de los Diputados.
d) El Rey.

4. Los miembros del Gobierno de la Nación serán nombrados por:

a) El Presidente del Gobierno.
b) El Rey, a propuesta del Presidente del Gobierno.
c) El Presidente del Congreso.
d) La mayoría simple de los Diputados.

5. El Presidente del Gobierno es elegido por:

a) Las Cortes.
b) El Congreso de los Diputados.
c) El Rey.
d) Directamente por los electores.

6. El Gobierno español es un órgano:

a) Presidencialista.
b) Colegiado.
c) Unipersonal.
d) Cameralista.

7. Según la Constitución, la Administración Pública ha de actuar de acuerdo con los principios de:

a) Descentralización y desconcentración.
b) Unidad y variedad.
c) Coordinación y tutela.
d) Jerarquía y delegación.

8. El control de la potestad reglamentaria del Gobierno corresponde:

a) Al Congreso.
b) Al Senado.
c) Al Tribunal de Cuentas.
d) A los Tribunales según la materia.

9. La prerrogativa real de gracia no será aplicable a:

a) Los Ministros.
b) Los Secretarios de Estado.
c) Los Subsecretarios.
d) Podrá aplicarse a todos los anteriores.

10. Según la Constitución, ¿cuál de los siguientes órganos dirige la defensa del Estado?

a) El Rey.
b) La Junta de Defensa Nacional.
c) El Ministerio de Defensa.
d) El Gobierno.

En MADTEST tienes **más preguntas de este tema**, y todos tus avances quedan registrados y se reflejan en el ranking.

¡Supera tus límites con MADTEST!

Solución al test n.º 3

1. c) Por mayoría absoluta de sus miembros.

2. c) A través del Presidente del Congreso.

3. c) La cuarta parte de los miembros del Congreso de los Diputados.

4. b) El Rey, a propuesta del Presidente del Gobierno.

5. b) El Congreso de los Diputados.

6. b) Colegiado.

7. a) Descentralización y desconcentración.

8. d) A los Tribunales según la materia.

9. a) Los Ministros.

10. d) El Gobierno.

TEST N.º 4

La Constitución española (IV):Título VI: El Poder Judicial. Principios constitucionales. El Consejo General del Poder Judicial (designación, organización y funciones).El Tribunal Supremo. El Ministerio Fiscal

1. El Título VI de la Constitución de 1978 lleva por título:

a) De la Administración de Justicia.
b) De la Administración del Poder Judicial.
c) Del Poder Judicial.
d) De los Jueces y Magistrados.

2. Según la Constitución de 1978, ¿quién administra la justicia?

a) El pueblo.
b) El Rey.
c) Los Juzgados y Tribunales integrantes del Poder Judicial.
d) Los Jueces y Magistrados integrantes del Poder Judicial, en nombre del Rey.

3. La función del Estado atribuida a los Juzgados y Tribunales con la finalidad de aplicar el derecho se califica como:

a) Poder judicial.
b) Potestad jurisdiccional.
c) Potestad jurídica.
d) Poder jurisdiccional.

4. ¿De dónde emana el Poder Judicial?

a) Del pueblo español.
b) Del Rey.
c) De los Jueces y Magistrados.
d) De los Juzgados y Tribunales.

5. ¿Qué norma se aprobó para dar cumplimiento al mandato constitucional contenido en el art. 122.1 de la Constitución de 1978?

a) La Ley Provisional sobre organización del Poder Judicial.
b) La Ley Orgánica del Poder Judicial.
c) La Ley de Bases para la reforma de la Justicia Municipal.
d) La Ley Adicional a la Orgánica del Poder Judicial.

6. Indica cuál de los siguientes preceptos constitucionales no contiene una manifestación del principio de legalidad relacionado con la institución del poder judicial.

a) Artículo 117.1.
b) Artículo 25.1.
c) Artículo 125.
d) Artículo 9.1.

7. De los principios que se consagran en la Constitución de 1978, ¿cuál constituye la característica esencial del Poder Judicial en cuanto tal?

a) El principio de responsabilidad.
b) El principio de unidad jurisdiccional.
c) El principio democrático.
d) El principio de independencia.

8. Según la Constitución de 1978, ¿a quién corresponde ejercer la potestad jurisdiccional?

a) Al Rey.
b) Al pueblo español.
c) A los Jueces y Magistrados integrantes del Poder Judicial.
d) A los Juzgados y Tribunales determinados por las leyes.

9. El Tribunal del Jurado fue suspendido:

a) En el año 1812.
b) En el año 1869.
c) En el año 1931.
d) En el año 1936.

10. El derecho fundamental de participación directa de los ciudadanos en los asuntos públicos, reconocido en el art. 23.1 de la Constitución de 1978 enlaza con:

a) El principio de independencia judicial.
b) El Tribunal del Jurado.

c) La responsabilidad por error judicial.
d) La publicidad de las actuaciones judiciales.

En MADTEST tienes **más preguntas de este tema**, y todos tus avances quedan registrados y se reflejan en el ranking.

¡Supera tus límites con MADTEST!

Solución al test n.º 4

1. c) Del Poder Judicial.

2. d) Los Jueces y Magistrados integrantes del Poder Judicial, en nombre del Rey.

3. b) Potestad jurisdiccional.

4. a) Del pueblo español.

5. b) La Ley Orgánica del Poder Judicial.

6. c) Artículo 125.

7. d) El principio de independencia.

8. d) A los Juzgados y Tribunales determinados por las leyes.

9. d) En el año 1936.

10. b) El Tribunal del Jurado.

TEST N.º 5

La Constitución española (V). Título VIII:
La organización territorial del Estado

1. El Estado se organiza territorialmente en:

a) Municipios, comarcas y en las provincias que se constituyan.
b) Distritos, cabildos, comarcas, provincias y en las Comunidades Autónomas que se constituyan.
c) Municipios, provincias y en las Comunidades Autónomas que se constituyan.
d) Ciudades, provincias, comarcas y Comunidades Autónomas.

2. El Estado, velando por el establecimiento de un equilibrio económico, adecuado y justo, entre las diversas partes del territorio español, y atendiendo en particular a las circunstancias del hecho insular, garantiza la realización efectiva del principio de:

a) Igualdad.
b) Legalidad.
c) Solidaridad.
d) Justicia universal.

3. La Constitución garantiza expresamente en su artículo 140 la autonomía de:

a) Los municipios.
b) Las regiones.
c) Las comarcas.
d) Los territorios.

4. A tenor de la Constitución Española de 1978, ¿a quién corresponde el gobierno y administración de los municipios?

a) A sus respectivos Ayuntamientos, integrados por los Alcaldes y los Concejales.
b) A sus respectivos Ayuntamientos, integrados por los Alcaldes, Juntas de Gobierno Local y Concejales.

c) A sus Ayuntamientos, Concejales y vecinos.
d) A sus respectivos Alcaldes, Concejales y vecinos.

5. ¿Cómo serán elegidos los Concejales según dispone la Constitución Española?

a) Por el Alcalde o por los vecinos en la forma establecida en la ley.
b) Directamente por el Alcalde del municipio en la forma establecida en la ley.
c) Por los vecinos del municipio en la forma establecida por la ley.
d) Por el Alcalde con el respaldo de los vecinos.

6. ¿Cómo dispone la Constitución Española que serán elegidos los Alcaldes?

a) Siempre por los Concejales.
b) Únicamente por los vecinos mediante un sufragio universal, igual, libre, directo y secreto.
c) Por los Concejales o por los vecinos.
d) Por los Concejales mediante Acuerdo expreso.

7. La Constitución Española señala que cualquier alteración de los límites provinciales:

a) Habrá de ser aprobada por las Cortes Generales mediante ley orgánica.
b) Habrá de ser aprobada por el Congreso por mayoría absoluta.
c) Habrá de ser aprobada por el Gobierno en el plazo de 30 días desde la presentación de la propuesta.
d) Habrá de ser aprobada por el Congreso de los Diputados mediante ley orgánica.

8. El artículo 142 CE establece que las Haciendas Locales deberán disponer de los medios suficientes para el desempeño de las funciones que la ley atribuye a las Corporaciones respectivas y se nutrirán fundamentalmente de:

a) Tributos propios y de participación en los de las Comunidades Autónomas.
b) La participación en los tributos del Estado y de las Comunidades Autónomas.
c) Tributos propios y de participación en los del Estado y de las Comunidades Autónomas.
d) Tributos propios y de participación en los del Estado, de las Comunidades Autónomas y de las Diputaciones Provinciales.

9. ¿A quién corresponde la iniciativa del proceso autonómico según dispone la Constitución Española en el artículo 143.2?

a) Al órgano interinsular correspondiente.
b) A las Diputaciones interesadas cuando lo soliciten expresamente las dos terceras partes de sus miembros.
c) A las tres quintas partes de los municipios cuya población represente, al menos, la mayoría del censo electoral de cada provincia o isla.
d) A las tres cuartas partes de los municipios cuya población represente, al menos, la mayoría del censo electoral de cada provincia o isla y a todas las Diputaciones interesadas.

10. ¿En qué plazo deberán ser cumplidos los requisitos de iniciativa del proceso autonómico según lo dispuesto en el artículo 143.2 CE?

a) En el plazo de nueve meses desde el primer acuerdo adoptado al respecto por alguna de las Corporaciones locales interesadas.

b) En el plazo de seis meses desde el primer acuerdo adoptado al respecto por alguna de las Corporaciones locales interesadas.

c) En el plazo de tres meses desde el primer acuerdo adoptado al respecto por alguna de las Corporaciones locales interesadas.

d) En el plazo de tres meses desde el último acuerdo adoptado al respecto por alguna de las Corporaciones locales interesadas.

En MADTEST tienes **más preguntas de este tema,** y todos tus avances quedan registrados y se reflejan en el ranking.

¡Supera tus límites con MADTEST!

Solución al test n.º 5

1. c) Municipios, provincias y en las Comunidades Autónomas que se constituyan.

2. c) Solidaridad.

3. a) Los municipios.

4. a) A sus respectivos Ayuntamientos, integrados por los Alcaldes y los Concejales.

5. c) Por los vecinos del municipio en la forma establecida por la ley.

6. c) Por los Concejales o por los vecinos.

7. a) Habrá de ser aprobada por las Cortes Generales mediante ley orgánica.

8. c) Tributos propios y de participación en los del Estado y de las Comunidades Autónomas.

9. a) Al órgano interinsular correspondiente.

10. b) En el plazo de seis meses desde el primer acuerdo adoptado al respecto por alguna de las Corporaciones locales interesadas.

TEST N.º 6

La Constitución española (VI). Título IX: El Tribunal Constitucional.
El Tribunal Constitucional: composición, organización y atribuciones.
Recurso de inconstitucionalidad y cuestión de inconstitucionalidad.
El recurso de amparo. Título X: La reforma constitucional

1. ¿De cuántos miembros se compone el Tribunal Constitucional?

a) De cinco.
b) De diez.
c) De doce.
d) De quince.

2. Los miembros del Tribunal Constitucional son nombrados:

a) Por el Tribunal Supremo.
b) Por el Consejo General del Poder Judicial.
c) Por el Gobierno.
d) Por el Rey.

3. En relación con la designación de los miembros del Tribunal Constitucional:

a) Tres son a propuesta del Senado.
b) Tres son a propuesta del Congreso.
c) Uno es a propuesta del Gobierno.
d) Dos son a propuesta del Consejo General del Poder Judicial.

4. La propuesta de los miembros del Tribunal Constitucional realizada por el Congreso se realiza con la aprobación:

a) Por mayoría de tres quintos de sus miembros.
b) Por mayoría simple de sus miembros.
c) Por mayoría absoluta de sus miembros.
d) Por mayoría de cuatro quintos de sus miembros.

5. La propuesta de los miembros del Tribunal Constitucional realizada por el Senado se realiza con la aprobación:

a) Por mayoría de tres quintos de sus miembros.
b) Por mayoría simple de sus miembros.
c) Por mayoría absoluta de sus miembros.
d) Por mayoría de cuatro quintos de sus miembros.

6. En relación con la designación de los miembros del Tribunal Constitucional:

a) Son a propuesta del Congreso, del Senado, del Gobierno y del Consejo General del Poder Judicial.
b) Son a propuesta del Congreso, del Senado, del Gobierno y del Congreso de Ministros.
c) Son a propuesta del Congreso, del Senado y de las Comunidades Autónomas.
d) Son a propuesta del Gobierno Central y del de las Comunidades Autónomas.

7. Los miembros del Tribunal Constitucional deberán ser nombrados entre profesionales con:

a) Más de cinco años de ejercicio profesional.
b) Más de siete años de ejercicio profesional.
c) Más de diez años de ejercicio profesional.
d) Más de quince años de ejercicio profesional.

8. ¿Cuál de los siguientes profesionales no es citado directamente para ser miembro del Tribunal Constitucional, con base en el artículo 159.2?

a) Magistrados y Fiscales.
b) Abogados del Estado.
c) Profesores de Universidad.
d) Abogados.

9. Es requisito, para ser miembro del Tribunal Constitucional:

a) Ser mayor de edad o menor emancipado.
b) Tener reconocida competencia con más de quince años de ejercicio profesional.
c) Haber desarrollado una carrera judicial.
d) Ser mayor de cincuenta años.

10. La designación de los miembros del Tribunal Constitucional se realiza por un periodo de:

a) Tres años.
b) Seis años.

c) Nueve años.
d) Doce años.

En MADTEST tienes **más preguntas de este tema**, y todos tus avances quedan registrados y se reflejan en el ranking.

¡Supera tus límites con MADTEST!

Solución al test n.º 6

1. c) De doce.

2. d) Por el Rey.

3. d) Dos son a propuesta del Consejo General del Poder Judicial.

4. a) Por mayoría de tres quintos de sus miembros.

5. a) Por mayoría de tres quintos de sus miembros.

6. a) Son a propuesta del Congreso, del Senado, del Gobierno y del Consejo General del Poder Judicial.

7. d) Más de quince años de ejercicio profesional.

8. b) Abogados del Estado.

9. b) Tener reconocida competencia con más de quince años de ejercicio profesional.

10. c) Nueve años.

Estatuto de Autonomía para Andalucía (I). Organización territorial de la Comunidad Autónoma en el Estatuto de Autonomía. El sistema de distribución de competencias entre el Estado y las Comunidades Autónomas. Competencia de la Comunidad Autónoma en materia de régimen local

1. Señala la opción correcta respecto a los objetivos básicos de la Comunidad Autónoma:

a) La Comunidad Autónoma propiciará la efectiva igualdad del hombre y de la mujer andaluces, promoviendo la democracia equilibrada y la plena incorporación de aquella en la vida social, superando la brecha de género.

b) La Comunidad Autónoma de Andalucía promoverá las condiciones para que la libertad y la igualdad del individuo y de los grupos en que se integra sean reales y efectivas.

c) Removerá los obstáculos que impidan o dificulten su transversalidad.

d) Fomentará la calidad de la democracia facilitando la participación de todos los españoles en la vida política, económica, cultural y social. A tales efectos, adoptará todas las medidas de acción positiva que resulten necesarias.

2. Uno de los siguientes es un objetivo básico recogido en el artículo 10 del Estatuto de Autonomía de Andalucía:

a) La coherencia social, mediante un eficaz sistema de bienestar social, con especial atención a los colectivos y zonas más desfavorecidos social y económicamente, para facilitar su integración plena en la sociedad andaluza, propiciando así la superación de la exclusión social.

b) La especial atención a las personas en situación de demencia.

c) La integración social, económica y laboral de las personas con enfermedades raras.

d) La integración social, económica, laboral y cultural de los inmigrantes en Andalucía.

3. Los poderes públicos de Andalucía promoverán el desarrollo de una conciencia ciudadana y democrática plena, fundamentada en:

a) La Declaración Universal de los Derechos Humanos.

b) Los Tratados y acuerdos internacionales ratificados por España.

c) Los valores constitucionales y en los principios y objetivos establecidos en este Estatuto como señas de identidad propias de la Comunidad Autónoma.

d) La adopción de las medidas precisas para la enseñanza y el conocimiento de todo nuestro ordenamiento jurídico.

4. ¿Qué ley orgánica aprobó el Estatuto de Autonomía para Andalucía?

a) La Ley Orgánica 7/2007, de 7 de junio.
b) La Ley Orgánica 3/2005, de 11 de marzo.
c) La Ley Orgánica 2/2007, de 19 de marzo.
d) La Ley Orgánica 21/2008, de 23 de junio.

5. El Estatuto de Autonomía para Andalucía consta de:

a) 250 artículos divididos en once Títulos.
b) 247 artículos divididos en once Títulos.
c) 243 artículos divididos en doce Títulos.
d) 239 artículos divididos en doce Títulos.

6. ¿Qué Título del Estatuto de Autonomía para Andalucía regula la organización institucional de la Comunidad Autónoma?

a) El Título III.
b) El Título IV.
c) El Título V.
d) El Título VII.

7. Señala cuál de los siguientes no es uno de los valores superiores propugnados por el Estatuto de Autonomía para Andalucía:

a) Solidaridad.
b) Libertad.
c) Igualdad.
d) Justicia.

8. La bandera de Andalucía formada por tres franjas horizontales –verde, blanca y verde– de igual anchura, fue aprobada en la Asamblea de:

a) Utrera de 1918.
b) Écija de 1918.
c) Ronda de 1918.
d) Jerez de 1919.

9. ¿Qué leyenda figura en el escudo de Andalucía?

a) Andalucía por sí, para España y el Mundo.
b) Andalucía por sí, para España y Europa.

c) Andalucía por sí, para España y la Humanidad.
d) Andalucía por sí, para España y el Universo.

10. Sin perjuicio de que algunas Salas puedan ubicarse en otras ciudades de la Comunidad Autónoma, la sede del Tribunal Superior de Justicia radica en:

a) Sevilla.
b) Málaga.
c) Granada.
d) Antequera (Málaga).

En MADTEST tienes **más preguntas de este tema**, y todos tus avances quedan registrados y se reflejan en el ranking.

¡Supera tus límites con MADTEST!

Solución al test n.º 7

1. b) La Comunidad Autónoma de Andalucía promoverá las condiciones para que la libertad y la igualdad del individuo y de los grupos en que se integra sean reales y efectivas.

2. d) La integración social, económica, laboral y cultural de los inmigrantes en Andalucía.

3. c) Los valores constitucionales y en los principios y objetivos establecidos en este Estatuto como señas de identidad propias de la Comunidad Autónoma.

4. c) La Ley Orgánica 2/2007, de 19 de marzo.

5. a) 250 artículos divididos en once Títulos.

6. b) El Título IV.

7. a) Solidaridad.

8. c) Ronda de 1918.

9. c) Andalucía por sí, para España y la Humanidad.

10. c) Granada.

TEST N.º 8

Estatuto de Autonomía para Andalucía (II). Organización institucional de la Comunidad Autónoma. El Parlamento de Andalucía: composición, organización, funcionamiento y funciones. Elaboración de las normas. El presidente de la Junta de Andalucía: funciones, elección. El Consejo de Gobierno: composición, funciones

1. La organización institucional básica de la Comunidad Autónoma de Andalucía viene regulada en:

a) El artículo 152 de la Constitución.
b) El título IV del Estatuto de Autonomía.
c) En ambas normas.
d) En el artículo 151 de la Constitución.

2. No forma parte de la Junta de Andalucía:

a) El Presidente o Presidenta de la Junta.
b) El Parlamento Andaluz.
c) El Tribunal Superior de Justicia.
d) El Consejo de Gobierno.

3. La Junta de Andalucía está integrada por:

a) El Parlamento y el Presidente o Presidenta de la Junta.
b) El Parlamento, el Consejo de Gobierno y el Presidente o Presidenta de la Junta.
c) El Consejo de Gobierno y el Tribunal Superior de Justicia.
d) El Consejo de Gobierno y el Presidente o Presidenta de la Junta.

4. La aprobación y reforma del Reglamento del Parlamento de Andalucía requerirán:

a) Unanimidad de los Parlamentarios.
b) Mayoría simple de votos emitidos.
c) 2/3 partes de los Parlamentarios.
d) Mayoría absoluta de los Diputados.

5. Son candidatos elegibles en las elecciones a Diputados del Parlamento Andaluz:

a) El Presidente o Presidenta del Consejo Económico y Social de Andalucía.
b) Los Consejeros o Consejeras permanentes del Consejo Consultivo.
c) El Defensor del Pueblo Andaluz y sus Adjuntos.
d) Los que ejerzan funciones o cargos conferidos y remunerados por un Estado extranjero.

6. Señala la respuesta incorrecta. Además de los comprendidos en el artículo 155.2 a), b), c) y d) de la Ley Orgánica del Régimen Electoral General, son incompatibles en las elecciones a Diputados del Parlamento Andaluz:

a) Los titulares de las Autoridades Portuarias designados por la Comunidad Autónoma de Andalucía.
b) Los Senadores de las Cortes Generales.
c) Los Jefes de los Gabinetes de los miembros del Consejo de Gobierno de la Junta de Andalucía.
d) Los miembros del Consejo de Administración de la Empresa Pública de la Radio y Televisión de Andalucía.

7. El Parlamento de Andalucía está compuesto por:

a) Ciento nueve Diputados.
b) Cien a ciento cincuenta Diputados.
c) Ochenta a ciento cincuenta Diputados.
d) Noventa a ciento veinte.

8. Los Diputados o diputadas electos deberán ser convocados para la sesión constitutiva del Parlamento Andaluz dentro del siguiente plazo:

a) Los 20 días siguientes a la celebración de las elecciones.
b) Los 30 días siguientes a la celebración de las elecciones.
c) Los 35 días siguientes a la celebración de las elecciones.
d) Los 25 días siguientes a la celebración de las elecciones.

9. La responsabilidad penal de los Diputados o Diputadas andaluces por actos delictivos cometidos fuera del Territorio de Andalucía será exigible ante:

a) La Sala de lo Penal del Tribunal Supremo.
b) La Sala de lo Penal de la Audiencia Nacional.
c) La Sala de lo Penal del Tribunal Superior de Justicia de Andalucía.
d) La Sala de lo Penal de la Audiencia Provincial correspondiente.

10. La Diputación Permanente del Parlamento de Andalucía estará compuesta por varios miembros. Indica cuál no es correcto:

a) Todos los miembros de la Mesa del Parlamento.
b) El Presidente o Presidenta de la Junta de Andalucía.
c) Los tres Vicepresidentes o Vicepresidentas de la Mesa del Parlamento.
d) El Presidente o Presidenta del Parlamento.

En MADTEST tienes **más preguntas de este tema,** y todos tus avances quedan registrados y se reflejan en el ranking.

¡Supera tus límites con MADTEST!

Solución al test n.º 8

1. c) En ambas normas.

2. c) El Tribunal Superior de Justicia.

3. b) El Parlamento, el Consejo de Gobierno y el Presidente o Presidenta de la Junta.

4. d) Mayoría absoluta de los Diputados.

5. b) Los Consejeros o Consejeras permanentes del Consejo Consultivo.

6. b) Los Senadores de las Cortes Generales.

7. a) Ciento nueve Diputados.

8. d) Los 25 días siguientes a la celebración de las elecciones.

9. a) La Sala de lo Penal del Tribunal Supremo.

10. b) El Presidente o Presidenta de la Junta de Andalucía.

TEST N.º 9

La Unión Europea. Los valores y objetivos en que se fundamenta la UE: artículos 2 y 3 del Tratado de la UE. Principales instituciones de la UE: Parlamento Europeo: artículo 14 del Tratado de la UE; Consejo Europeo: artículo 15 del Tratado de la UE; Consejo: artículo 16 del Tratado de la UE; La Comisión Europea: artículo 17 del Tratado de la UE; el Tribunal de Justicia de la UE: artículo 19 del Tratado de la UE

1. La función legislativa y la función presupuestaria la ejercerá:

a) Exclusivamente el Parlamento.
b) El Parlamento Europeo conjuntamente con el Consejo.
c) El Parlamento Europeo conjuntamente con el Consejo Europeo.
d) El Parlamento Europeo conjuntamente con la Comisión.

2. El Parlamento Europeo estará compuesto por representantes de los ciudadanos de la Unión. Su número no excederá de:

a) Setecientos cincuenta, incluido el Presidente.
b) Setecientos cinco, excluidos el Presidente.
c) Setecientos cincuenta, más el Presidente.
d) Setecientos cinco, incluido el Presidente.

3. Qué Institución adoptará una decisión por la que se fije la composición del Parlamento Europeo:

a) El Consejo Europeo por unanimidad, a iniciativa del Parlamento Europeo y con su aprobación.
b) El Consejo de la Unión Europea por unanimidad, a iniciativa del Parlamento Europeo y con su aprobación.
c) El Consejo por mayoría cualificada, a iniciativa del Parlamento Europeo y con su aprobación.
d) El Consejo Europeo por unanimidad, a iniciativa de la Comisión y con su aprobación.

4. Los diputados al Parlamento Europeo serán elegidos por:

a) Sufragio universal, directo, libre y secreto, para un mandato de cuatro años.
b) Sufragio universal, igual, directo, libre y secreto, para un mandato de cinco años.
c) Sufragio universal, directo, libre y secreto, para un mandato de cinco años.
d) Sufragio universal, directo, libre y secreto, para un mandato de seis años.

5. Qué Institución dará a la Unión los impulsos necesarios para su desarrollo y definirá sus orientaciones y prioridades políticas generales:

a) Consejo Europeo.
b) Consejo de la Unión Europea.
c) Comisión.
d) Parlamento Europeo.

6. El Consejo Europeo estará compuesto por:

a) Los Jefes de Estado y de Gobierno de los Estados miembros, así como por su Presidente y por el Presidente de la Comisión y del Consejo.
b) Los Jefes de Estado o de Gobierno de los Estados miembros, así como por su Presidente y por la mesa del Parlamento.
c) Los Jefes de Estado o de Gobierno de los Estados miembros, así como por su Presidente y por el Presidente de la Comisión.
d) Los Jefes de Estado o de Gobierno de los Estados miembros, así como por su Presidente, por el Presidente del Consejo, por el Presidente de la Comisión y por el Presidente del Banco Central Europeo.

7. El Consejo Europeo se pronunciará, excepto cuando los Tratados dispongan otra cosa por:

a) Consenso.
b) Unanimidad.
c) Mayoría cualificada.
d) Mayoría simple.

8. El Presidente del Consejo Europeo tendrá un mandato de:

a) Dos años y medio máximo.
b) Dos años y medio, renovables por dos años y medio más.
c) Seis años.
d) Cuatro años, renovables por otros cuatro año.

9. Estará compuesto por un representante de cada Estado miembro, de rango ministerial:

a) Consejo.
b) Consejo Europeo.

c) Comisión.
d) Comisiones del Parlamento.

10. El Consejo se pronunciará, excepto cuando los Tratados dispongan otra cosa por:

a) Mayoría cualificada.
b) Mayoría simple.
c) Consenso.
d) Unanimidad.

En MADTEST tienes **más preguntas de este tema**, y todos tus avances quedan registrados y se reflejan en el ranking.

¡Supera tus límites con MADTEST!

Solución al test n.º 9

1. b) El Parlamento Europeo conjuntamente con el Consejo.

2. c) Setecientos cincuenta, más el Presidente.

3. a)El Consejo Europeo por unanimidad, a iniciativa del Parlamento Europeo y con su aprobación.

4. c) Sufragio universal directo, libre y secreto, para un mandato de cinco años.

5. a)Consejo Europeo.

6. c) Los Jefes de Estado o de Gobierno de los Estados miembros, así como por su Presidente y por el Presidente de la Comisión.

7. a) Consenso.

8. b) Dos años y medio, renovables por dos años y medio más.

9. a) Consejo.

10. a) Mayoría cualificada.

El personal al servicio de la Administración Local (I). Clases, selección, derechos y deberes del personal al servicio de las Entidades Locales

1. ¿Cuál es el órgano competente para la imposición de sanciones disciplinarias a los funcionarios de administración local con habilitación de carácter nacional, cuando la sanción que recaiga sea por falta muy grave, tipificada en la normativa básica estatal?

a) El Presidente del Gobierno.
b) El Consejo de Estado.
c) El Ministro para la Transformación Digital y de la Función Pública.
d) Cualquiera de los anteriores.

2. Para el acceso a los cuerpos o escalas del Grupo B se exigirá estar en posesión del:

a) Título de Técnico Superior.
b) Título de Bachiller.
c) Título de Técnico.
d) Título universitario de Grado.

3. Indica una de las notas características de los funcionarios de carrera:

a) Desempeño de servicios de carácter permanente.
b) Nombramiento legal, hecho por Autoridad competente.
c) Los puestos de trabajo que desempeñan han de figurar en la Plantilla orgánica y en el Registro de Personal.
d) Todas las respuestas son correctas.

4. ¿Cómo se denomina al personal que, en virtud de nombramiento y con carácter no permanente, solo realiza funciones expresamente calificadas como de confianza o asesoramiento especial, siendo retribuido con cargo a los créditos presupuestarios consignados para este fin?

a) Personal Laboral.
b) Personal Eventual.
c) Funcionarios interinos.
d) Funcionarios de carrera.

5. Señala la respuesta incorrecta respecto al personal eventual:

a) Su nombramiento y cese serán libres.
b) La condición de personal eventual podrá constituir mérito para el acceso a la Función Pública.
c) Su cese tendrá lugar, en todo caso, cuando se produzca el de la autoridad a la que se preste la función de confianza o asesoramiento.
d) Le será aplicable, en lo que sea adecuado a la naturaleza de su condición, el régimen general de los funcionarios de carrera.

6. La selección de todo el personal, sea funcionario o laboral, debe realizarse de acuerdo con la Oferta de Empleo Público, mediante convocatoria pública y a través del sistema de Concurso, Oposición o Concurso-Oposición libres en los que garanticen, en todo caso, los principios constitucionales de:

a) Capacidad, mérito, objetividad y legalidad.
b) Publicidad, eficacia, eficiencia, mérito y capacidad.
c) Igualdad, mérito y capacidad, así como el de publicidad.
d) Legalidad, publicidad, transparencia, mérito y capacidad.

7. Para poder participar en los concursos de provisión de puestos de trabajo o ser nombrados con carácter provisional en otro puesto de trabajo, salvo en el ámbito de una misma Entidad Local, los funcionarios deberán permanecer en cada puesto de trabajo, obtenido por concurso, un mínimo de:

a) Cinco años.
b) Tres años.
c) Dos años.
d) Un año.

8. Los titulares de la Secretaría-Intervención ejercerán sus funciones en las Secretarías de clase tercera, es decir, de Ayuntamientos de Municipios:

a) Con población inferior a 5.001 habitantes y cuyo Presupuesto no exceda de 3.010.060 euros.
b) Con población inferior a 3.001 habitantes y cuyo Presupuesto no exceda de 2.999.000 euros.

c) Con población inferior a 2.501 habitantes y cuyo Presupuesto no exceda de 1.500.060 euros.

d) Con población inferior a 1.00 habitantes y cuyo Presupuesto no exceda de 1.010.060 euros.

9. ¿A qué Subescala pertenecen los funcionarios que realicen tareas administrativas, normalmente de trámite y colaboración?

a) A la Subescala Técnica de Administración General.
b) A la Subescala de Gestión de Administración General.
c) A la Subescala Administrativa de Administración General.
d) A la Subescala Auxiliar de Administración General.

10. ¿A qué Subescala pertenecen los funcionarios que realicen tareas de mecanografía y taquigrafía?

a) A la Subescala Técnica de Administración General.
b) A la Subescala de Gestión de Administración General.
c) A la Subescala Administrativa de Administración General.
d) A la Subescala Auxiliar de Administración General.

En MADTEST tienes **más preguntas de este tema**, y todos tus avances quedan registrados y se reflejan en el ranking.

¡Supera tus límites con MADTEST!

Solución al test n.º 10

1. c) El Ministro para la Transformación Digital y de la Función Pública.

2. a) Título de Técnico Superior.

3. d) Todas las respuestas son correctas.

4. b) Personal Eventual.

5. b) La condición de personal eventual podrá constituir mérito para el acceso a la Función Pública.

6. c) Igualdad, mérito y capacidad, así como el de publicidad.

7. c) Dos años.

8. a) Con población inferior a 5.001 habitantes y cuyo Presupuesto no exceda de 3.010.060 euros.

9. c) A la Subescala Administrativa de Administración General.

10. d) A la Subescala Auxiliar de Administración General.

El personal al servicio de la Administración Local (II). El régimen de provisión de puestos de trabajo. Situaciones administrativas. Régimen de incompatibilidad y régimen disciplinario

1. A tenor del artículo 95 TR-LEBEP, el incumplimiento por los funcionarios de las normas sobre incompatibilidades cuando ello dé lugar a una situación de incompatibilidad, podrá ser constitutivo de falta:

a) Muy grave.
b) Grave.
c) Menos grave.
d) Leve.

2. Conforme al art. 96 TR-LEBEP, por razón de faltas cometidas podrán imponerse la siguiente sanción:

a) Suspensión firme de funciones, o de empleo y sueldo en el caso del personal laboral, con una duración máxima de 5 años.
b) Despido disciplinario del personal laboral, que solo podrá sancionar la comisión de faltas muy graves o graves y comportará la inhabilitación para ser titular de un nuevo contrato de trabajo con funciones similares a las que desempeñaban.
c) Separación del servicio de los funcionarios, que en el caso de los funcionarios interinos comportará la revocación de su nombramiento, y que solo podrá sancionar la comisión de faltas muy graves o graves.
d) Demérito, que consistirá en la penalización a efectos de carrera, promoción o movilidad voluntaria.

3. Salvo en caso de paralización del procedimiento imputable al interesado, la suspensión provisional como medida cautelar en la tramitación de un expediente disciplinario no podrá exceder de:

a) Un año.
b) 9 meses.

c) 6 meses.
d) 3 meses.

4. ¿Cuándo prescriben las sanciones impuestas por faltas leves?

a) A los dos años.
b) Al año.
c) A los seis meses.
d) Al mes.

5. ¿Cuándo prescriben las sanciones impuestas por faltas graves?

a) A los seis años.
b) A los cinco años.
c) A los tres años.
d) A los dos años.

6. ¿Cuál es la duración máxima de la sanción de suspensión de funciones por faltas muy graves?

a) Diez años.
b) Seis años.
c) Cinco años.
d) Cuatro años.

7. ¿Cuál es la duración máxima de la sanción de suspensión de funciones por faltas graves?

a) Cinco años.
b) Tres años.
c) Dos años.
d) Un año.

8. ¿En qué situación administrativa se encontrarán los funcionarios de carrera cuando sean designados para formar parte del Consejo General del Poder Judicial?

a) Servicio activo.
b) Servicios especiales.
c) Servicio en otras Administraciones Públicas.
d) Excedencia por interés particular.

9. Los funcionarios de carrera podrán obtener la excedencia voluntaria por interés particular cuando hayan prestado servicios efectivos en cualquiera de las Administraciones Públicas durante un periodo mínimo de:

a) Diez años inmediatamente anteriores.
b) Cinco años inmediatamente anteriores.

c) Tres años inmediatamente anteriores.
d) Dos años inmediatamente anteriores.

10. Señala la respuesta incorrecta respecto de la excedencia de los funcionarios de carrera:

a) La concesión de excedencia voluntaria por interés particular quedará subordinada a las necesidades del servicio debidamente motivadas.

b) Quienes se encuentren en situación de excedencia voluntaria por agrupación familiar no devengarán retribuciones, ni les será computable el tiempo que permanezcan en tal situación a efectos de ascensos, trienios y derechos en el régimen de Seguridad Social que les sea de aplicación.

c) Los funcionarios de carrera tendrán derecho a un período de excedencia de duración no superior a tres años para atender al cuidado de cada hijo, tanto cuando lo sea por naturaleza como por adopción.

d) Las funcionarias víctimas de violencia de género durante los tres primeros meses tendrán derecho a la reserva del puesto de trabajo que desempeñaran, siendo computable dicho período a efectos de antigüedad, carrera y derechos del régimen de Seguridad Social que sea de aplicación.

En MADTEST tienes **más preguntas de este tema**, y todos tus avances quedan registrados y se reflejan en el ranking.

¡Supera tus límites con MADTEST!

Solución al test n.º 11

1. a) Muy grave.

2. d) Demérito, que consistirá en la penalización a efectos de carrera, promoción o movilidad voluntaria.

3. c) 6 meses.

4. b) Al año.

5. d) A los dos años.

6. b) Seis años.

7. b) Tres años.

8. b) Servicios especiales.

9. b) Cinco años inmediatamente anteriores.

10. d) Las funcionarias víctimas de violencia de género durante los tres primeros meses tendrán derecho a la reserva del puesto de trabajo que desempeñaran, siendo computable dicho período a efectos de antigüedad, carrera y derechos del régimen de Seguridad Social que sea de aplicación.

TEST N.º 12

**El Derecho Administrativo: concepto y contenidos.
Fuentes del Derecho Administrativo. Jerarquía. La Ley.
Normas de gobierno con fuerza de ley. Los Tratados internacionales.
El Derecho Comunitario. El Reglamento. Concepto, clases y caracteres.
La potestad reglamentaria. El procedimiento de elaboración. Límites
a la potestad reglamentaria. El control de la potestad reglamentaria**

1. Señala cuál de las siguientes es una fuente indirecta de nuestro Derecho Administrativo:

a) Los Reglamentos.
b) La Jurisprudencia.
c) Los Principios Generales del Derecho.
d) La Costumbre.

2. ¿Qué tipo de fuente del Derecho Administrativo son los Reglamentos del Presidente del Gobierno?

a) Directa.
b) Indirecta.
c) Directa subsidiaria.
d) No son fuente de nuestro Derecho Administrativo.

3. ¿A quién atribuye la Constitución Española la titularidad de la potestad legislativa?

a) Únicamente al Estado.
b) A las Cortes Generales exclusivamente.
c) Al Estado y las Comunidades Autónomas.
d) Al Estado, a las Comunidades Autónomas y a las Corporaciones Locales.

4. ¿A quién atribuye el art. 91 de la Carta Magna la potestad para ordenar la inmediata publicación de las leyes aprobadas por las Cortes Generales?

a) Al Rey.
b) Al Presidente del Gobierno.
c) Al Presidente del Congreso de los Diputados.
d) Al Presidente de la Mesa de la Cámara Baja.

5. ¿Cómo se denominan las leyes por las que las Cortes Generales, en materia de competencia estatal, pueden atribuir a todas o a alguna de las Comunidades Autónomas la facultad de dictar, para sí mismas, normas legislativas en el marco de los principios, bases y directrices fijados por una ley estatal?

a) Leyes orgánicas.
b) Leyes ordinarias.
c) Leyes marco.
d) Leyes de armonización.

6. ¿En qué plazo sancionará el Rey las leyes aprobadas por las Cortes Generales?

a) Un mes.
b) Veinte días.
c) Quince días.
d) Diez días.

7. ¿Qué órgano de los siguientes promulga las leyes?

a) El Rey.
b) El Presidente del Gobierno.
c) Las Cortes Generales.
d) El Presidente del Congreso.

8. ¿Qué son los decretos legislativos?

a) Disposiciones del Gobierno sobre derechos y deberes fundamentales.
b) Disposiciones de las Cortes que contienen delegación legislativa.
c) Disposiciones del Poder Judicial que contienen delegación legislativa.
d) Disposiciones del Gobierno que contienen legislación delegada.

9. En caso de extraordinaria y urgente necesidad, ¿qué disposición legislativa provisional podrá dictar el Gobierno?

a) Decreto legislativo.
b) Ley de bases.
c) Ley orgánica.
d) Decreto ley.

10. Los decretos leyes deberán de ser inmediatamente sometidos a debate y votación de totalidad:

a) Al Senado.
b) Al Gobierno.
c) Al Congreso de los Diputados.
d) Todas las anteriores son correctas.

En MADTEST tienes **más preguntas de este tema**, y todos tus avances quedan registrados y se reflejan en el ranking.

¡Supera tus límites con MADTEST!

Solución al test n.º 12

1. b) La Jurisprudencia.

2. a) Directa.

3. c) Al Estado y las Comunidades Autónomas.

4. a) Al Rey.

5. c) Leyes marco.

6. c) Quince días.

7. a) El Rey.

8. d) Disposiciones del Gobierno que contienen legislación delegada.

9. d) Decreto ley.

10. c) Al Congreso de los Diputados.

TEST N.º 13

Ley 19/2013, de 9 de diciembre, de transparencia, acceso a la información pública y buen gobierno. Objeto y ámbito subjetivo de aplicación. Publicidad activa: principios generales, información institucional, organizativa y de planificación e información económica, presupuestaria y estadística. Derecho de acceso a la información pública: régimen general, ejercicio del derecho y formalización del acceso. Referencia a la Ley 1/2014, de 24 de junio, de transparencia pública de Andalucía

1. La cualidad que permite y facilita el acceso de los ciudadanos a la información pública en poder de la Administración dentro de los límites establecidos por la legislación vigente, se conoce como:

a) Accesibilidad.
b) Transparencia.
c) Objetividad.
d) Buen gobierno.

2. En el Capítulo I del Título I: "Transparencia de la actividad pública" de la Ley 19/2013, concretamente en el art. 3, se señala que serán objeto de aplicación de las disposiciones las entidades privadas:

a) En cuyo capital social la participación, directa o indirecta, sea superior al 50 por 100.
b) Que perciban durante el período de un año ayudas o subvenciones públicas en una cuantía superior a 100.000 euros o cuando al menos el 40 % del total de sus ingresos anuales tengan carácter de ayuda o subvención pública, siempre que alcancen como mínimo la cantidad de 5.000 euros.
c) Con personalidad jurídica propia, vinculadas a cualquiera de las Administraciones Públicas o dependientes de ellas.
d) Que tengan atribuidas funciones de regulación o supervisión de carácter externo sobre un determinado sector o actividad.

3. En el ámbito de la Administración General del Estado, ¿a quién corresponde la evaluación del cumplimiento de los planes y programas anuales y plurianuales que las administraciones públicas deben publicar?

a) Ministerio para la Transformación Digital y de la Función Pública.
b) Tribunal de Cuentas.
c) Instituto Nacional para las Administraciones Públicas (INAP).
d) Inspecciones Generales de Servicios.

4. ¿Qué título de la Ley 19/2013 regula todo lo relativo a la "Transparencia de la actividad pública"?

a) Título I.
b) Título II.
c) Título III.
d) Título IV.

5. El cumplimiento de las obligaciones derivadas de la Ley 19/2013, de 9 de diciembre, de transparencia, acceso a la información pública y buen gobierno, podrá realizarse utilizando los medios electrónicos puestos a su disposición por la Administración Pública de la que provenga la mayor parte de las ayudas o subvenciones públicas percibidas cuando se trate de entidades sin ánimo de lucro que persigan exclusivamente fines de interés social o cultural y cuyo presupuesto sea inferior a:

a) 50.000 euros.
b) 100.000 euros.
c) 200.000 euros.
d) 250.000 euros.

6. Según lo previsto en el artículo 18 de la Ley 19/2013, de 9 de diciembre, de transparencia, acceso a la información pública y buen gobierno, se inadmitirán a trámite, mediante resolución motivada, las solicitudes de acceso a la información:

a) Relativas a los intereses económicos y turísticos.
b) Relativas a la garantía de la confidencialidad o el secreto requerido en procesos de toma de decisión.
c) Relativas a información para cuya divulgación sea necesaria una acción previa de reelaboración.
d) Relativas a infraestructuras críticas.

7. El acceso a la información pública requiere:

a) Solicitud previa.
b) Acreditación de la condición de interesado.
c) Motivación expresa.
d) La utilización de medios telemáticos.

8. Cuando la información pública solicitada no contuviera datos especialmente protegidos, el órgano al que se dirija la solicitud concederá el acceso previa .... suficientemente razonada del interés público en la divulgación de la información y los derechos de los afectados cuyos datos aparezcan en la información solicitada, en particular su derecho fundamental a la protección de datos de carácter personal. Señala la palabra que falta:

a) Catalogación.
b) Acreditación.
c) Ponderación.
d) Identificación.

9. El incumplimiento reiterado de la obligación de resolver en plazo procedimientos de acceso a la información pública:

a) Tendrá la consideración de infracción grave.
b) Tendrá la consideración de infracción muy grave.
c) Tendrá la consideración de infracción leve.
d) No tendrá la consideración de infracción.

10. Según el artículo 7 de la Ley 19/2013, de 9 de diciembre, de transparencia, acceso a la información pública y buen gobierno, relativo a la información de relevancia jurídica:

a) Las Administraciones Públicas, en el ámbito de sus competencias, publicarán los proyectos de Reglamento cuya iniciativa les corresponda.
b) Las Administraciones Públicas, en el ámbito de sus competencias, no publicarán los proyectos de Reglamento cuya iniciativa les corresponda.
c) Las Administraciones Públicas, en el ámbito de sus competencias, no podrán publicar los Anteproyectos de Ley hasta su aprobación.
d) Las Administraciones Públicas no podrán publicar los proyectos de Decretos Legislativos cuando se soliciten los dictámenes a los órganos consultivos.

En MADTEST tienes **más preguntas de este tema**, y todos tus avances quedan registrados y se reflejan en el ranking.

¡Supera tus límites con MADTEST!

Solución al test n.º 13

1. b) Transparencia.

2. b) Que perciban durante el período de un año ayudas o subvenciones públicas en una cuantía superior a 100.000 euros o cuando al menos el 40 % del total de sus ingresos anuales tengan carácter de ayuda o subvención pública, siempre que alcancen como mínimo la cantidad de 5.000 euros.

3. d) Inspecciones Generales de Servicios.

4. a) Título I.

5. a) 50.000 euros.

6. c) Relativas a información para cuya divulgación sea necesaria una acción previa de reelaboración.

7. a) Solicitud previa.

8. c) Ponderación.

9. a) Tendrá la consideración de infracción grave.

10. a) Las Administraciones Públicas, en el ámbito de sus competencias, publicarán los proyectos de Reglamento cuya iniciativa les corresponda.

Ley 12/2007, de 26 de noviembre, para la promoción de la igualdad de género en Andalucía. Título preliminar: disposiciones generales (artículos 1 a 3). Título I, capítulo I: integración de la perspectiva de género en las políticas públicas. (artículos 5 a 7). Ley 13/2007, de 26 de noviembre, de medidas de prevención y protección integral contra la violencia de género. Título preliminar: disposiciones generales (artículos 1 a 3)

1. ¿Cuál es el objeto principal de la Ley 12/2007, de 26 de noviembre, para la promoción de la igualdad de género en Andalucía?

a) Regular la violencia de género.
b) Hacer efectivo el derecho de igualdad de trato y oportunidades entre mujeres y hombres.
c) Promover la igualdad salarial.
d) Controlar las políticas laborales.

2. ¿Dónde es aplicable la Ley 12/2007?

a) En todo el territorio español.
b) En las provincias de Sevilla y Málaga.
c) En toda la Comunidad Autónoma de Andalucía.
d) Solo en la Administración autonómica.

3. ¿Qué significa "discriminación directa por razón de sexo"?

a) Tratar a una persona de manera menos favorable por su sexo en una situación comparable.
b) Aplicar normas neutras que perjudican a un sexo.
c) Discriminar por motivos de edad.
d) Rechazar el lenguaje inclusivo.

4. La "discriminación indirecta por razón de sexo" se produce cuando:

a) Se impide el acceso a un cargo por motivos de edad.
b) Una norma aparentemente neutra pone a un sexo en desventaja respecto al otro.
c) Se da un trato igualitario a ambos sexos.
d) Se aplica una sanción injusta.

5. Según la Ley 12/2007, la "representación equilibrada" implica que ningún sexo supere:

a) El 70%.
b) El 55%.
c) El 50%.
d) El 60% ni sea inferior al 40%.

6. ¿Qué término se utiliza para referirse a la integración de la perspectiva de género en las políticas públicas?

a) Igualdad formal.
b) Transversalidad o mainstreaming.
c) Paridad.
d) Equidad.

7. El concepto de "acoso sexual" según la Ley 12/2007 incluye:

a) Solo conductas físicas.
b) Únicamente comportamientos laborales.
c) Conductas verbales, no verbales o físicas de índole sexual que atentan contra la dignidad.
d) Ninguna de las anteriores.

8. ¿Qué diferencia existe entre sexo y género?

a) Sexo es biológico; género es una construcción social y cultural.
b) Ambos son sinónimos.
c) Sexo depende de la edad.
d) Género es inmutable.

9. El informe de evaluación de impacto de género es obligatorio en:

a) Solo leyes estatales.
b) Todos los proyectos de ley, reglamentos y planes del Consejo de Gobierno andaluz.
c) Proyectos municipales.
d) Normas sin relevancia económica.

10. El informe de impacto de género forma parte de:

a) La Ley 13/2007.
b) Los presupuestos municipales.
c) El Estatuto de Autonomía.
d) La Memoria de Análisis de Impacto Normativo (MAIN).

En MADTEST tienes **más preguntas de este tema**, y todos tus
avances quedan registrados y se reflejan en el ranking.

¡Supera tus límites con MADTEST!

Solución al test n.º 14

1. b) Hacer efectivo el derecho de igualdad de trato y oportunidades entre mujeres y hombres.

2. c) En toda la Comunidad Autónoma de Andalucía.

3. a) Tratar a una persona de manera menos favorable por su sexo en una situación comparable.

4. b) Una norma aparentemente neutra pone a un sexo en desventaja respecto al otro.

5. d) El 60% ni sea inferior al 40%.

6. b) Transversalidad o mainstreaming.

7. c) Conductas verbales, no verbales o físicas de índole sexual que atentan contra la dignidad.

8. a) Sexo es biológico; género es una construcción social y cultural.

9. b) Todos los proyectos de ley, reglamentos y planes del Consejo de Gobierno andaluz.

10. d) La Memoria de Análisis de Impacto Normativo (MAIN).

La Ley Orgánica 3/2018, de 5 de diciembre, de Protección de Datos Personales y garantía de los derechos digitales. Objeto y ámbito de aplicación. Principios de protección de datos (artículos 4 al 10. Derechos de las personas (artículos 11 a 18) Garantía de los derechos digitales (artículos 79 a 97)

1. Es correcto, conforme a la disposición adicional 3ª de la LO 3/2018, que:

a) Cuando los plazos se señalen por días, se entiende que estos son naturales.

b) Si el plazo se fija en semanas, concluirá el día anterior al día de la semana en que se produjo el hecho que determina su iniciación en la semana de vencimiento.

c) Si el plazo se fija en años, concluirá el mismo día en que se produjo el hecho que determina su iniciación en el año de vencimiento.

d) Cuando el último día del plazo sea inhábil, se entenderá adelantado al último día hábil anterior.

2. ¿Qué título de la LO 3/2018, de 5 de diciembre, de Protección de Datos Personales y garantía de los derechos digitales, se refiere a los principios de la protección de datos?

a) Título I.
b) Título II.
c) Título III.
d) Título IV.

3. Según el artículo 3 de la LO 3/2018, los requisitos y condiciones para acreditar la validez y vigencia de los mandatos e instrucciones de las personas fallecidas respecto al acceso a los datos personales de éstas por parte de las personas o instituciones que designaran expresamente, serán establecidos:

a) Por medio de una Directiva europea.
b) Por Ley estatal.
c) Por Ley autonómica.
d) Por Real Decreto.

4. El artículo 4 de la LO 3/2018 señala que, conforme al artículo 5.1.d) del Reglamento (UE) 2016/679, los datos serán exactos y, si fuere necesario:

a) Actualizados.
b) Aproximados.
c) Normalizados.
d) Digitalizados.

5. Conforme al artículo 5.1 de la LO 3/2018, estarán sujetas al deber de confidencialidad:

a) Únicamente los responsables del tratamiento.
b) Los responsables y encargados del tratamiento.
c) Los responsables y encargados del tratamiento de datos así como todas las personas que intervengan en cualquier fase de este.
d) Los responsables y encargados del tratamiento de datos así como todas las personas que intervengan en todas las fases de este.

6. Conforme a los artículos 4.11 del RGPD y 6.1 de la LO 3/2018, se entiende por *consentimiento del afectado* **la aceptación, ya sea mediante una declaración o una clara acción afirmativa, del tratamiento de datos personales que le conciernen manifestada por voluntad libre, de forma específica, informada e/y:**

a) Detallada.
b) Unitaria.
c) Inequívoca.
d) Por escrito.

7. Cuando se pretenda fundar el tratamiento de los datos en el consentimiento del afectado para una pluralidad de finalidades:

a) Será preciso que conste de manera específica e inequívoca que dicho consentimiento se otorga para todas ellas.
b) Será necesario demostrar que el afectado consintió expresamente e inequívocamente en alguna de las finalidades y, que el resto de finalidades están claramente relacionadas con aquella.
c) El responsable debe demostrar la adecuación de las distintas finalidades a un único objeto.
d) El consentimiento del afectado sólo puede afectar a una finalidad. Cada finalidad precisa un consentimiento propio e independiente.

8. Conforme al principio de limitación de la finalidad, los datos personales serán recogidos con fines determinados, explícitos y:

a) Limitados.
b) Transparentes.

c) Compatibles.
d) Legítimos.

9. Según el artículo 8.1 de la LO 3/2018, el tratamiento de datos personales solo podrá considerarse fundado en el cumplimiento de una obligación legal exigible al responsable:

a) Cuando así lo prevea una norma de Derecho de la Unión Europea o una norma con rango de ley.
b) Cuando el tratamiento se considere una misión realizada en interés público.
c) Cuando se trate del ejercicio de poderes públicos conferidos al responsable.
d) Cuando el responsable sea un órgano u organismo público.

10. Conforme al artículo 9 de la *LO 3/2018, de 5 de diciembre, de Protección de Datos Personales y garantía de los derechos digitales*, cuál de los siguientes tratamientos de categorías especiales de datos fundados en el Derecho español deberá estar amparado en una norma con rango de ley:

a) Tratamiento necesario con fines de archivo en interés público, fines de investigación científica o histórica.
b) Tratamiento efectuado, en el ámbito de sus actividades legítimas y con las debidas garantías, por una fundación, una asociación o cualquier otro organismo sin ánimo de lucro, cuya finalidad sea política, filosófica, religiosa o sindical, siempre que el tratamiento se refiera exclusivamente a los miembros actuales o antiguos de tales organismos o a personas que mantengan contactos regulares con ellos en relación con sus fines y siempre que los datos personales no se comuniquen fuera de ellos sin el consentimiento de los interesados.
c) Tratamiento necesario para fines de medicina preventiva o laboral, evaluación de la capacidad laboral del trabajador, diagnóstico médico, prestación de asistencia o tratamiento de tipo sanitario o social, o gestión de los sistemas y servicios de asistencia sanitaria y social.
d) Tratamiento referido a datos personales que el interesado ha hecho manifiestamente públicos.

En MADTEST tienes **más preguntas de este tema**, y todos tus avances quedan registrados y se reflejan en el ranking.

¡Supera tus límites con MADTEST!

Solución al test n.º 15

1. c) Si el plazo se fija en años, concluirá el mismo día en que se produjo el hecho que determina su iniciación en el año de vencimiento.

2. b) Título II.

3. d) Por Real Decreto.

4. a) Actualizados.

5. c) Los responsables y encargados del tratamiento de datos así como todas las personas que intervengan en cualquier fase de este.

6. c) Inequívoca.

7. a) Será preciso que conste de manera específica e inequívoca que dicho consentimiento se otorga para todas ellas.

8. d) Legítimos.

9. a) Cuando así lo prevea una norma de Derecho de la Unión Europea o una norma con rango de ley.

10. c) Tratamiento necesario para fines de medicina preventiva o laboral, evaluación de la capacidad laboral del trabajador, diagnóstico médico, prestación de asistencia o tratamiento de tipo sanitario o social, o gestión de los sistemas y servicios de asistencia sanitaria y social.

TEST N.º 16

La Ley 7/1985, de 2 de abril, Reguladora de las Bases del Régimen Local (LBRL I). Título I: Disposiciones generales Título II El municipio: concepto, territorio y población. Organización, Competencias. Título X: Municipios de Gran Población: Ámbito de aplicación

1. Entre las potestades y prerrogativas que tienen los municipios se encuentran:

a) La tributaria y financiera.
b) De revisión de oficio de sus actos y acuerdos.
c) Expropiatoria.
d) Todas las respuestas son correctas.

2. Los elementos del Municipio son:

a) El territorio, la población y la financiación.
b) El territorio, las instituciones y la organización.
c) La organización, la autonomía y el territorio.
d) La población, la organización y el territorio.

3. Según el Reglamento de Población y Demarcación Territorial de las Entidades Locales el término municipal es:

a) El territorio en que el Ayuntamiento ejerce su jurisdicción.
b) El territorio en que el Ayuntamiento ejerce sus competencias.
c) El territorio en que el Ayuntamiento ejerce su política.
d) Las respuestas b) y c) son correctas.

4. De acuerdo con lo dispuesto en la Ley de Bases de Régimen Local:

a) La creación de nuevos municipios solo podrá realizarse sobre la base de núcleos de población territorialmente diferenciados, de al menos 25.000 habitantes.
b) La creación de nuevos municipios solo podrá realizarse sobre la base de núcleos de población territorialmente diferenciados, de al menos 4.000 habitantes.

c) La creación de nuevos municipios solo podrá realizarse sobre la base de núcleos de población territorialmente diferenciados, de al menos 3.000 habitantes.

d) La creación de nuevos municipios solo podrá realizarse sobre la base de núcleos de población territorialmente diferenciados, de al menos 250.000 habitantes.

5. ¿La alteración de términos municipales podrá suponer la modificación de los límites provinciales?

a) Solo en casos excepcionales.

b) En ningún caso.

c) Cuando concurran los requisitos establecidos en la ley.

d) Sí.

6. En los casos de fusión de municipios:

a) El nuevo municipio se subrogará en todos los derechos y obligaciones de los anteriores municipios.

b) El nuevo municipio resultante de la fusión no podrá segregarse hasta transcurridos cien años.

c) El órgano del gobierno del nuevo municipio resultante estará constituido transitoriamente por la suma de los concejales de los municipios fusionados.

d) Las respuestas a) y c) son correctas.

7. Son derechos y deberes de los vecinos:

a) Contribuir mediante la aportación de sus bienes inmuebles a la realización de las competencias municipales.

b) Exigir la prestación y, en su caso, el establecimiento del correspondiente servicio público, en el supuesto de constituir una competencia municipal propia aunque no sea de carácter obligatorio.

c) Acceder a los aprovechamientos comunales.

d) Ejercer la iniciativa individual en los términos previstos en el art. 70 bis de la Ley de Bases de Régimen Local.

8. La inscripción de los extranjeros en el Padrón municipal:

a) Constituirá prueba de su residencia legal en España.

b) Iniciará el expediente de adquisición de la nacionalidad española.

c) No les atribuirá ningún derecho que no les confiera la legislación vigente.

d) Permitirá obtener un permiso de trabajo.

9. El padrón municipal es:

a) La base de datos donde constan los nombres de los vecinos.

b) El registro administrativo donde solo constan los domicilios de los vecinos.

c) El registro administrativo donde constan los vecinos de un municipio.

d) El registro administrativo donde solo constan los domicilios de los extranjeros del municipio.

10. La inscripción en el Padrón municipal contendrá como obligatorios los siguientes datos:

a) Las matrículas de los vehículos de los vecinos.

b) El número de identificación de los aparatos tecnológicos existentes en cada casa.

c) Los ascendientes que habitan en cada casa.

d) Ninguna de las respuestas es correcta.

En MADTEST tienes **más preguntas de este tema**, y todos tus avances quedan registrados y se reflejan en el ranking.

¡Supera tus límites con MADTEST!

Solución al test n.º 16

1. d) Todas las respuestas son correctas.

2. d) La población, la organización y el territorio.

3. b) El territorio en que el Ayuntamiento ejerce sus competencias.

4. b) La creación de nuevos municipios solo podrá realizarse sobre la base de núcleos de población territorialmente diferenciados, de al menos 4.000 habitantes.

5. b) En ningún caso.

6. d) Las respuestas a) y c) son correctas.

7. c) Acceder a los aprovechamientos comunales.

8. c) No les atribuirá ningún derecho que no les confiera la legislación vigente.

9. c) El registro administrativo donde constan los vecinos de un municipio.

10. d) Ninguna de las respuestas es correcta.

La Ley 7/1985, de 2 de abril, Reguladora de las Bases del Régimen Local (LBRL III). La provincia. Organización. Competencias. Regímenes especiales. Título IV Otras entidades Locales

1. De acuerdo con el artículo 141.1 de la Constitución española:

a) La Provincia es una Entidad Local con personalidad jurídica propia, determinada por la agrupación de Municipios y división territorial para el cumplimiento de las actividades de la Comunidad Autónoma.

b) La Provincia es una Entidad Local con personalidad jurídica propia, determinada por la agrupación de comarcas y división territorial para el cumplimiento de las actividades del Estado.

c) La Provincia es una Entidad Local con personalidad jurídica propia, determinada por la agrupación de Municipios y división territorial para el cumplimiento de las actividades del Estado.

d) La Provincia es una Entidad Local con personalidad jurídica propia, determinada por la agrupación de Municipios y división territorial para el cumplimiento de los fines de la Unión Europea.

2. El Decreto de Javier de Burgos fue:

a) El que realizó la efectiva división provincial y fue aprobado en el año 1833.
b) El que aprobó la extinción de las Diputaciones Provinciales en Cataluña.
c) El que realizó la efectiva división provincial y fue aprobado en el año 1843.
d) El que abogó por el carácter regionalista de la provincia.

3. Según la Constitución española:

a) En los Archipiélagos, las Islas tendrán además su administración propia en forma de Cabildos o Consejos.

b) El gobierno y la administración autónoma de las Provincias estarán encomendados a los Ayuntamientos.

c) La Provincia es circunscripción electoral para la elección de Diputados y Senadores.

d) Las respuestas a) y c) son correctas.

4. El territorio de la Nación española se divide en:

a) 40 Provincias.
b) 54 Provincias.
c) 60 Provincias.
d) 50 Provincias.

5. Son fines propios y específicos de la Provincia:

a) Asegurar la prestación integral y adecuada en la totalidad del territorio provincial de los servicios de competencia regional.
b) Participar en la coordinación de la Comunidad Autónoma y el Estado.
c) Garantizar los principios de solidaridad y equilibrio intermunicipales.
d) Asegurar la prestación integral y adecuada en la totalidad del territorio municipal de los servicios públicos.

6. El Presidente de la Diputación deberá jurar o prometer el cargo:

a) Ante la Subdelegación del Gobierno.
b) Ante la Delegación del Gobierno.
c) Ante el Pleno de la misma.
d) Ante el Consejo de Diputaciones.

7. El mandato del Presidente de la Diputación será:

a) Por cinco años, pero puede ser destituido de su cargo mediante moción de censura o por la pérdida de una cuestión de confianza.
b) Por seis años, pero puede ser destituido de su cargo mediante moción de censura o por la pérdida de una cuestión de confianza.
c) Por cuatro años, pero puede ser destituido de su cargo mediante moción de censura o por la pérdida de una cuestión de confianza.
d) Por cuatro años, pero puede ser destituido de su cargo por votación de la mitad de los diputados provinciales.

8. No es una atribución del Presidente de la Diputación:

a) El planteamiento de conflictos de competencias a otras Entidades locales y demás Administraciones Públicas.
b) El ejercicio de las acciones judiciales y administrativas y la defensa de la Diputación en las materias de su competencia.
c) Representar a la Diputación.
d) Aprobar las bases de las pruebas para la selección del personal.

9. Corresponde al Presidente de la Diputación:

a) El ejercicio de las acciones judiciales y administrativas y la defensa en cualquier materia.
b) El despido del personal laboral.

c) La organización de la Diputación.
d) Ninguna respuesta es correcta.

10. El Presidente de la Diputación puede delegar el ejercicio de sus atribuciones, salvo:

a) El despido del personal laboral.
b) Concertar operaciones de crédito.
c) Aprobar la oferta de empleo público.
d) Las respuestas a) y b) son correctas.

En MADTEST tienes **más preguntas de este tema**, y todos tus avances quedan registrados y se reflejan en el ranking.

¡Supera tus límites con MADTEST!

Solución al test n.º 17

1. c) La Provincia es una Entidad Local con personalidad jurídica propia, determinada por la agrupación de Municipios y división territorial para el cumplimiento de las actividades del Estado.

2. a) El que realizó la efectiva división provincial y fue aprobado en el año 1833.

3. d) Las respuestas a) y c) son correctas.

4. d) 50 Provincias.

5. c) Garantizar los principios de solidaridad y equilibrio intermunicipales.

6. c) Ante el Pleno de la misma.

7. c) Por cuatro años, pero puede ser destituido de su cargo mediante moción de censura o por la pérdida de una cuestión de confianza.

8. a) El planteamiento de conflictos de competencias a otras Entidades locales y demás Administraciones Públicas.

9. b) El despido del personal laboral.

10. d) Las respuestas a) y b) son correctas.

MATERIAS ESPECÍFICAS

GRUPO II

TEST N.º 18

Ley 39/2015, de 1 de octubre, del Procedimiento Administrativo Común de las Administraciones Públicas (LPACAP) (I) Título I. Los interesados en el procedimiento: Capítulo I: capacidad de obrar y concepto de interesado. Capítulo II: Identificación y firma de los interesados en el procedimiento administrativo

1. ¿A qué capacidad se refiere el art. 3 de la Ley 39/2015, de 1 de diciembre, en relación con las personas físicas?

a) A la capacidad jurídica.
b) A la capacidad para ser titular de derechos subjetivos.
c) A la capacidad para ser titular de deberes jurídicos.
d) A la capacidad de obrar.

2. Los menores de edad, ¿tienen capacidad de obrar ante las Administraciones Públicas?

a) Sí, en todo caso, para el ejercicio y defensa de aquellos de sus derechos e intereses cuya actuación esté permitida por el ordenamiento jurídico sin la asistencia de la persona que ejerza la patria potestad, tutela o curatela.
b) No, en ningún caso; únicamente tendrán capacidad de obrar ante las Administraciones Públicas, las personas físicas mayores de edad no incapacitadas.
c) Sí, para el ejercicio y defensa de aquellos de sus derechos e intereses cuya actuación esté permitida por el ordenamiento jurídico sin la asistencia de la persona que ejerza la patria potestad, tutela o curatela, aunque sean menores incapacitados, siempre que la extensión de la incapacitación no afecte al ejercicio y defensa de los derechos o intereses de que se trate.
d) Sí, excepto los menores incapacitados.

3. Excepto el supuesto previsto por el artículo 3.b) de la Ley 39/2015, de 1 de octubre, los menores de edad no tienen capacidad de obrar ante las Administraciones Públicas, y necesitan de la asistencia de la persona que ejerza la patria potestad, tutela o curatela. En relación con la patria potestad, señala cuál de los siguientes enunciados es incorrecto:

a) La patria potestad, como responsabilidad parental, se ejercerá siempre en interés de los hijos, de acuerdo con su personalidad, y con respeto a sus derechos, su integridad física y mental.

b) El ejercicio de la patria potestad comprende representar a sus hijos y administrar sus bienes.

c) Los hijos emancipados están bajo la patria potestad de los progenitores.

d) Si los hijos tuvieren suficiente madurez deberán ser oídos siempre antes de adoptar decisiones que les afecten.

4. ¿Quiénes de los siguientes están sujetos a tutela?

a) Los menores emancipados que estén bajo la patria potestad.

b) Los menores no emancipados que no estén bajo la patria potestad.

c) Los menores emancipados que no estén bajo la patria potestad.

d) Los hijos no emancipados.

5. ¿Cuál de las siguientes características se vincula con la institución de la curatela del menor a que hace referencia el art. 3.b) de la Ley 39/2015, de 1 de octubre?

a) El curador no cuida de la persona sujeta a curatela, sino de su patrimonio.

b) La función del curador es la de complementar la capacidad del menor en todos aquellos actos o negocios jurídicos que no puede realizar por sí mismo.

c) El curador tiene cura de la persona sujeta a curatela, pero no de su patrimonio.

d) El curador tiene cura de la persona sujeta a curatela y de su patrimonio.

6. Los patrimonios independientes o autónomos, ¿tienen capacidad de obrar ante las Administraciones Públicas?

a) Sí.

b) No.

c) Siempre que la ley así lo declare expresamente.

d) Los patrimonios independientes o autónomos tienen reconocida capacidad jurídica ante las Administraciones Públicas en aplicación del artículo 3 de la Ley 39/2015, de 1 de octubre.

7. Tendrán capacidad de obrar ante las Administraciones Públicas las personas jurídicas que ostenten capacidad de obrar con arreglo a las normas civiles. ¿En qué momento adquirirán esta capacidad?

a) Desde el instante mismo en que, con arreglo a derecho, hubiesen quedado válidamente constituidas.

b) Las personas jurídicas adquirirán su capacidad de obrar en los mismos términos que las personas físicas.

c) En el momento en que finalice su personalidad.

d) Las personas jurídicas no tienen capacidad de obrar ante las Administraciones Públicas sino capacidad jurídica.

8. En aplicación del art. 3 de la Ley 39/2015, de 1 de octubre, NO tendrán capacidad de obrar ante las Administraciones Públicas:

a) Las personas físicas incapacitadas.

b) Las personas jurídicas que ostenten capacidad de obrar con arreglo a las normas civiles.

c) Los menores de edad para el ejercicio y defensa de aquellos de sus derechos e intereses cuya actuación esté permitida por el ordenamiento jurídico sin la asistencia de la persona que ejerza la patria potestad, tutela o curatela.

d) Las asociaciones de interés público reconocidas por la ley.

9. ¿Una persona declarada pródiga tiene capacidad de obrar plena ante las Administraciones Públicas?

a) Sí; las personas físicas tienen capacidad de obrar ante las Administraciones Públicas.

b) No; puede estar sujeta a tutela.

c) No; puede estar sujeta a curatela.

d) No; está sujeta a la patria potestad de sus progenitores.

10. La Ley 40/2015, de 1 de octubre, de régimen jurídico del sector público, ¿establece alguna regulación sobre la capacidad de obrar de los interesados ante las Administraciones Públicas?

a) Sí, en su artículo 3.

b) Sí, en tanto la Ley 40/2015, de 1 de octubre, tiene por objeto regular el procedimiento administrativo común a todas las Administraciones Públicas.

c) No, en tanto la Ley 40/2015, de 1 de octubre, únicamente tiene por objeto regular los principios a los que se ha de ajustar el ejercicio de la iniciativa legislativa y la potestad reglamentaria.

d) No.

En MADTEST tienes **más preguntas de este tema**, y todos tus avances quedan registrados y se reflejan en el ranking.

¡Supera tus límites con MADTEST!

Solución al test n.º 18

1. d) A la capacidad de obrar.

2. c) Sí, para el ejercicio y defensa de aquellos de sus derechos e intereses cuya actuación esté permitida por el ordenamiento jurídico sin la asistencia de la persona que ejerza la patria potestad, tutela o curatela, aunque sean menores incapacitados, siempre que la extensión de la incapacitación no afecte al ejercicio y defensa de los derechos o intereses de que se trate.

3. c) Los hijos emancipados están bajo la patria potestad de los progenitores.

4. b) Los menores no emancipados que no estén bajo la patria potestad.

5. b) La función del curador es la de complementar la capacidad del menor en todos aquellos actos o negocios jurídicos que no puede realizar por sí mismo.

6. c) Siempre que la ley así lo declare expresamente.

7. a) Desde el instante mismo en que, con arreglo a derecho, hubiesen quedado válidamente constituidas.

8. a) Las personas físicas incapacitadas.

9. c) No; puede estar sujeta a curatela.

10. d) No.

TEST N.º 19

Ley 39/2015, de 1 de octubre, del Procedimiento Administrativo Común de las Administraciones Públicas (LPACAP) (II): Título II: De la actividad de la Administración Pública. Capítulo I: Normas generales de actuación. Capítulo II: Términos y plazos

1. De acuerdo con el artículo 13 de la Ley 39/2015, de 1 de octubre, de Procedimiento Administrativo Común de las Administraciones Públicas, las personas que tienen capacidad de obrar conforme al artículo 3 de la Ley 39/2015, de 1 de octubre, de Procedimiento Administrativo Común de las Administraciones Públicas, en sus relaciones con las Administraciones Públicas, tienen los siguientes derechos:

a) A obtener información y confección de los documentos jurídicos o técnicos que las disposiciones vigentes impongan a los proyectos, actuaciones o solicitudes que se propongan realizar.

b) Al acceso a los registros y archivos de las Administraciones Públicas en los términos previstos en la Constitución y en la Ley 30/1992, de 26 de noviembre.

c) A ser tratados con respeto e indiferencia por las autoridades y funcionarios, que habrán de facilitarles el ejercicio de sus derechos y el cumplimiento de sus obligaciones.

d) Al acceso a la información pública, archivos y registros de acuerdo con lo previsto en la Ley 19/2013, de 9 de diciembre, de transparencia, acceso a la información pública y buen gobierno y el resto del Ordenamiento Jurídico.

2. En relación con la lengua de los procedimientos, señala la afirmación falsa; de acuerdo con el artículo 15 de la Ley 39/2015, de 1 de octubre, de Procedimiento Administrativo Común de las Administraciones Públicas:

a) La lengua de los procedimientos tramitados por la Administración General del Estado será el español.

b) Los interesados que se dirijan a los órganos de la Administración General del Estado con sede en el territorio de una Comunidad Autónoma podrán utilizar también la lengua que sea cooficial en ella.

c) En los procedimientos tramitados por las Administraciones de las Comunidades Autónomas y de las Entidades Locales, el uso de la lengua se ajustará a lo previsto en la legislación autonómica correspondiente.

d) La Administración pública instructora deberá traducir al castellano los documentos, expedientes o partes de los mismos que deban surtir efecto fuera del territorio de la Comunidad Autónoma y los documentos dirigidos a los interesados que así lo soliciten expresamente. Si debieran surtir efectos en el territorio de una Comunidad Autónoma donde sea cooficial esa misma lengua distinta del castellano, no será precisa su traducción.

3. Conforme al artículo 19.1 de la Ley 39/2015, de 1 de octubre, de Procedimiento Administrativo Común de las Administraciones Públicas, la comparecencia de los ciudadanos ante las oficinas públicas solo será obligatoria cuando así esté previsto en una norma con rango de:

a) Ley.
b) Decreto.
c) Orden.
d) Instrucción.

4. Señale la respuesta incorrecta. La Administración está obligada a dictar resolución expresa en todos los procedimientos y a notificarla cualquiera que sea su forma de iniciación. En los casos de prescripción, renuncia del derecho, caducidad del procedimiento o desistimiento de la solicitud, así como la desaparición sobrevenida del objeto del procedimiento, la resolución consistirá, conforme al artículo 21.1 de la Ley 39/2015, de 1 de octubre, de Procedimiento Administrativo Común de las Administraciones Públicas:

a) En la declaración de la circunstancia que concurra en cada caso.
b) Con indicación de los hechos producidos.
c) Con indicación de las normas aplicables.
d) Con indicación de las pruebas practicadas.

5. La Administración está obligada a dictar resolución expresa en todos los procedimientos y a notificarla cualquiera que sea su forma de iniciación. Se exceptúan de esta obligación, de acuerdo con el artículo 21.1 de la Ley 39/2015, de 1 de octubre, de Procedimiento Administrativo Común de las Administraciones Públicas:

a) Los supuestos de terminación del procedimiento por pacto o convenio.
b) Los procedimientos relativos al ejercicio de derechos sometidos únicamente al deber de declaración responsable o comunicación a la Administración.
c) Los procedimientos sancionadores.
d) Las respuestas a) y b) son correctas.

6. Señala la opción incorrecta conforme al artículo 21.2 de la Ley 39/2015, de 1 de octubre, de Procedimiento Administrativo Común de las Administraciones Públicas. El plazo máximo en el que debe notificarse la resolución expresa será:

a) El fijado por la norma reguladora del correspondiente procedimiento.
b) No podrá exceder de seis meses salvo que una norma con rango de ley establezca uno mayor.

c) No podrá exceder de seis meses salvo que venga previsto en la normativa comunitaria europea.

d) Será de tres meses.

7. De acuerdo con el artículo 21.3.a) de la Ley 39/2015, de 1 de octubre, de Procedimiento Administrativo Común de las Administraciones Públicas, el plazo máximo en el que debe notificarse la resolución expresa se contarán en los procedimientos iniciados de oficio:

a) Desde la fecha del acuerdo de iniciación.

b) Desde la fecha en que la solicitud haya tenido entrada en el registro del órgano competente para su tramitación.

c) Desde la fecha en que la solicitud haya tenido entrada en el registro del órgano receptor de la solicitud.

d) Desde la fecha de notificación del acuerdo de iniciación.

8. El plazo máximo en el que debe notificarse la resolución expresa se contarán en los procedimientos a solicitud del interesado:

a) Desde la fecha del acuerdo de iniciación.

b) Desde la fecha en que la solicitud haya tenido entrada en el registro del órgano competente para su tramitación o desde la fecha en que la solicitud haya tenido entrada en el registro electrónico de la Administración u Organismo competente para su tramitación.

c) Desde la fecha en que la solicitud haya tenido entrada en el registro del órgano receptor de la solicitud.

d) Desde la fecha de notificación del acuerdo de iniciación.

9. En todo caso, las Administraciones Públicas informarán a los interesados del plazo máximo normativamente establecido para la resolución y notificación de los procedimientos, así como de los efectos que pueda producir el silencio administrativo, incluyendo dicha mención en la notificación o publicación del acuerdo de iniciación de oficio, o en comunicación que se les dirigirá al efecto dentro de:

a) Los diez días siguientes a la recepción de la solicitud en el registro del órgano competente para su tramitación.

b) Los diez días siguientes a la recepción de la solicitud en el registro del órgano receptor.

c) Los diez días naturales siguientes a la recepción de la solicitud en el registro del órgano competente para su tramitación o en el registro electrónico de la Administración u Organismo competente para su tramitación.

d) Los diez días naturales siguientes a la recepción de la solicitud en el registro del órgano receptor.

10. Señala la respuesta incorrecta. De acuerdo con el artículo 22 de la Ley 39/2015, de 1 de octubre, de Procedimiento Administrativo Común de las Administraciones Públicas, el transcurso del plazo máximo legal para resolver un procedimiento y notificar la resolución se podrá suspender en los siguientes casos:

a) Cuando deba requerirse a cualquier interesado para la subsanación de deficiencias y la aportación de documentos y otros elementos de juicio necesarios, por el tiempo que medie entre la notificación del requerimiento y su efectivo cumplimiento por el destinatario, o, en su defecto, el transcurso del plazo concedido, todo ello sin perjuicio de lo previsto en el artículo 68 de la Ley 39/2015, de 1 de octubre.

b) Cuando deba obtenerse un pronunciamiento previo y preceptivo de un órgano de la Unión Europea, por el tiempo que medie entre la petición, que habrá de comunicarse a los interesados, y la notificación del pronunciamiento a la Administración instructora, que también deberá serles comunicada.

c) Cuando deban solicitarse informes que sean preceptivos y determinantes del contenido de la resolución a órgano de la misma o distinta Administración, por el tiempo que medie entre la petición, que deberá comunicarse a los interesados, y la recepción del informe, que igualmente deberá ser comunicada a los mismos. Este plazo de suspensión no podrá exceder en ningún caso de tres meses.

d) Cuando los interesados promuevan la recusación en cualquier momento de la tramitación de un procedimiento.

En MADTEST tienes **más preguntas de este tema**, y todos tus avances quedan registrados y se reflejan en el ranking.

¡Supera tus límites con MADTEST!

Solución al test n.º 19

1. d) Al acceso a la información pública, archivos y registros de acuerdo con lo previsto en la Ley 19/2013, de 9 de diciembre, de transparencia, acceso a la información pública y buen gobierno y el resto del Ordenamiento Jurídico.

2. a) La lengua de los procedimientos tramitados por la Administración General del Estado será el español.

3. a) Ley.

4. d) Con indicación de las pruebas practicadas.

5. d) Las respuestas a) y b) son correctas.

6. d) Será de tres meses.

7. a) Desde la fecha del acuerdo de iniciación.

8. b) Desde la fecha en que la solicitud haya tenido entrada en el registro del órgano competente para su tramitación o desde la fecha en que la solicitud haya tenido entrada en el registro electrónico de la Administración u Organismo competente para su tramitación.

9. a) Los diez días siguientes a la recepción de la solicitud en el registro del órgano competente para su tramitación.

10. d) Cuando los interesados promuevan la recusación en cualquier momento de la tramitación de un procedimiento.

Ley 39/2015, de 1 de octubre, del Procedimiento Administrativo Común de las Administraciones Públicas (LPACAP) (III): El acto administrativo: concepto, elementos, clases y requisitos. La eficacia de los actos administrativos. La notificación y la publicación

1. Señala la respuesta incorrecta. Según el artículo 35 de la Ley 39/2015, de 1 de octubre, de Procedimiento Administrativo Común de las Administraciones Públicas, serán motivados, con sucinta referencia de hechos y fundamentos de Derecho:

a) Los actos que limiten derechos subjetivos o intereses legítimos.

b) Los actos que resuelvan procedimientos de revisión de oficio de disposiciones o actos administrativos, recursos administrativos, reclamaciones previas a la vía judicial y procedimientos de arbitraje.

c) Los actos que se separen del criterio seguido en actuaciones precedentes o del dictamen de órganos consultivos.

d) Los actos declarativos de derechos.

2. De acuerdo con el artículo 39 de la Ley 39/2015, de 1 de octubre, de Procedimiento Administrativo Común de las Administraciones Públicas, con carácter general, los actos de las Administraciones Públicas sujetos al Derecho Administrativo se presumirán válidos y producirán efectos desde:

a) La fecha en que se dicten, salvo que en ellos se disponga otra cosa.

b) Su notificación.

c) Su publicación.

d) La aprobación superior.

3. En relación con las notificaciones en papel, de acuerdo con lo dispuesto en el artículo 42 de la Ley 39/2015, de 1 de octubre, de Procedimiento Administrativo Común de las Administraciones Públicas de los actos administrativos, señala la respuesta incorrecta:

a) Se notificarán a los interesados las resoluciones y actos administrativos que afecten a sus derechos e intereses.

b) Toda notificación deberá ser cursada dentro del plazo de diez días a partir de la fecha en que el acto haya sido dictado.

c) En los procedimientos iniciados a solicitud del interesado, la notificación se practicará en el domicilio del interesado. Cuando ello no fuera posible, en cualquier lugar adecuado a tal fin.

d) Cuando la notificación se practique en el domicilio del interesado, de no hallarse presente este en el momento de entregarse la notificación podrá hacerse cargo de la misma cualquier persona mayor de 14 años que se encuentre en el domicilio y haga constar su identidad.

4. Conforme al artículo 45 de la Ley 39/2015, de 1 de octubre, de Procedimiento Administrativo Común de las Administraciones Públicas, la publicación sustituirá a la notificación surtiendo sus mismos efectos en los siguientes casos:

a) Cuando el acto tenga por destinatario a una persona jurídica.

b) Cuando la Administración estime que la notificación efectuada a un solo interesado es insuficiente para garantizar la notificación a todos, siendo, en este último caso, adicional a la notificación efectuada.

c) En los procedimientos iniciados a solicitud del interesado.

d) Cuando la notificación se practique en el domicilio del interesado.

5. En relación con la forma de los actos administrativos, señala la respuesta incorrecta:

a) Los actos administrativos se producirán por escrito a través de medios electrónicos, a menos que su naturaleza exija otra forma más adecuada de expresión y constancia.

b) En los casos en que los órganos administrativos ejerzan su competencia de forma verbal, la constancia escrita del acto, cuando sea necesaria, se efectuará y firmará por el titular del órgano superior, expresando en la comunicación del mismo la autoridad de la que procede.

c) Si se tratara de resoluciones, el titular de la competencia deberá autorizar una relación de las que haya dictado de forma verbal, con expresión de su contenido.

d) Cuando deba dictarse una serie de actos administrativos de la misma naturaleza, tales como nombramientos, concesiones o licencias, podrán refundirse en un único acto.

6. De todas las resoluciones citadas a continuación, ¿cuáles de ellas no necesitarán ser motivadas?

a) Las que sigan el criterio seguido en actuaciones precedentes.

b) Los acuerdos de suspensión de actos.

c) Las que se dicten en el ejercicio de potestades discrecionales.

d) Las que resuelvan los recursos.

7. Señala la respuesta incorrecta. Cuando una Administración Pública tenga que dictar, en el ámbito de sus competencias, un acto que necesariamente tenga por base otro dictado por una Administración Pública distinta y aquella entienda que es ilegal:

a) Podrá requerir a la otra Administración previamente para que anule o revise el acto de acuerdo con lo dispuesto en el artículo 44 de la Ley 29/1998, de 13 de julio, reguladora de la Jurisdicción Contencioso-Administrativa.

b) Realizado el requerimiento y al ser rechazado este, podrá interponer recurso contencioso-administrativo.

c) Realizado el requerimiento y al ser rechazado este, podrá interponer recurso de revisión.

d) En estos casos, quedará suspendido el procedimiento para dictar resolución.

8. Las notificaciones administrativas por medios electrónicos requerirán para su validez:

a) El señalamiento explícito de dicho medio de notificación en el momento de iniciación del procedimiento.

b) El establecimiento de este sistema por medio de una norma de rango legal.

c) El acceso a su contenido, momento a partir del cual la notificación se entenderá practicada a todos los efectos legales.

d) El establecimiento de este sistema por medio de una norma de rango reglamentario.

9. Por regla general una notificación electrónica se entenderá rechazada con los efectos previstos en el artículo 43.2 de la Ley 39/2015, de 1 de octubre, del Procedimiento Administrativo Común de las Administraciones Públicas, cuando teniendo constancia de la puesta a disposición transcurran:

a) Diez días hábiles sin que se acceda a su contenido.

b) Diez días naturales desde que se accedió al contenido sin existir respuesta.

c) Diez días naturales sin que se acceda al contenido.

d) Quince días hábiles desde que se accedió al contenido sin existir respuesta.

10. Señala cuál de las siguientes afirmaciones es falsa conforme a la Ley 39/2015, de 1 de octubre:

a) Las resoluciones administrativas de carácter particular no podrán vulnerar lo establecido en una disposición de carácter general, aunque aquellas procedan de un órgano de igual jerarquía al que dictó la disposición general.

b) Toda notificación deberá ser cursada dentro del plazo de quince días a partir de la fecha en que el acto haya sido dictado.

c) Los actos administrativos se producirán por escrito a través de medios electrónicos, a menos que su naturaleza exija otra forma más adecuada de expresión y constancia.

d) Las resoluciones administrativas de carácter particular no podrán vulnerar lo establecido en una disposición de carácter general, aunque aquellas procedan de un órgano de superior jerarquía al que dictó la disposición general.

En MADTEST tienes **más preguntas de este tema**, y todos tus avances quedan registrados y se reflejan en el ranking.

¡Supera tus límites con MADTEST!

Solución al test n.º 20

1. d) Los actos declarativos de derechos.

2. a) La fecha en que se dicten, salvo que en ellos se disponga otra cosa.

3. c) En los procedimientos iniciados a solicitud del interesado, la notificación se practicará en el domicilio del interesado. Cuando ello no fuera posible, en cualquier lugar adecuado a tal fin.

4. b) Cuando la Administración estime que la notificación efectuada a un solo interesado es insuficiente para garantizar la notificación a todos, siendo, en este último caso, adicional a la notificación efectuada.

5. b) En los casos en que los órganos administrativos ejerzan su competencia de forma verbal, la constancia escrita del acto, cuando sea necesaria, se efectuará y firmará por el titular del órgano superior, expresando en la comunicación del mismo la autoridad de la que procede.

6. a) Las que sigan el criterio seguido en actuaciones precedentes.

7. c) Realizado el requerimiento y al ser rechazado este, podrá interponer recurso de revisión.

8. c) El acceso a su contenido, momento a partir del cual la notificación se entenderá practicada a todos los efectos legales.

9. c) Diez días naturales sin que se acceda al contenido.

10. b) Toda notificación deberá ser cursada dentro del plazo de quince días a partir de la fecha en que el acto haya sido dictado.

TEST N.º 21

Ley 39/2015, de 1 de octubre, del Procedimiento Administrativo Común de las Administraciones Públicas (LPACAP) (IV): La invalidez del acto administrativo. Supuestos de nulidad de pleno derecho y anulabilidad

1. De acuerdo con el artículo 47 de la Ley 39/2015, de 1 de octubre, de Procedimiento Administrativo Común de las Administraciones Públicas, los actos de las Administraciones Públicas son nulos de pleno derecho en los casos siguientes:

a) Los actos de la Administración que incurran en cualquier infracción del ordenamiento jurídico.

b) Los actos dictados por órgano manifiestamente incompetente por razón de la jerarquía.

c) Los actos que tengan un contenido imposible.

d) Los actos de la Administración que incurran en desviación de poder.

2. Son anulables, de acuerdo con el artículo 48.1 de la Ley 39/2015, de 1 de octubre, de Procedimiento Administrativo Común de las Administraciones Públicas:

a) Los actos de la Administración que incurran en cualquier infracción del ordenamiento jurídico, incluso la desviación de poder.

b) Los actos dictados prescindiendo total y absolutamente del procedimiento legalmente establecido o de las normas que contienen las reglas esenciales para la formación de la voluntad de los órganos colegiados.

c) Los actos expresos o presuntos contrarios al ordenamiento jurídico por los que se adquieren facultades o derechos cuando se carezca de los requisitos esenciales para su adquisición.

d) Los actos dictados por órgano manifiestamente incompetente por razón de la materia.

3. Conforme con el artículo 48.2 de la Ley 39/2015, de 1 de octubre, de Procedimiento Administrativo Común de las Administraciones Públicas, el defecto de forma de los actos de las Administraciones Públicas solo determinará la anulabilidad:

a) Siempre.

b) Nunca.

c) Cuando el acto carezca de los requisitos formales, dando lugar a la indefensión de los interesados.

d) Cuando el acto administrativo se notifique fuera de plazo, no siendo esencial el término o plazo.

4. La Administración podrá convalidar los actos anulables, subsanando los vicios de que adolezcan. Si el vicio consistiera en incompetencia no determinante de nulidad, la convalidación podrá realizarse, de conformidad con el artículo 52.3 de la Ley 39/2015, de 1 de octubre, de Procedimiento Administrativo Común de las Administraciones Públicas, por:

a) El órgano competente cuando sea inferior jerárquico del que dictó el acto viciado.

b) El órgano competente cuando sea superior jerárquico del que dictó el acto viciado.

c) El órgano competente por razón de la materia.

d) El órgano competente por razón del territorio.

5. Son actos anulables de acuerdo con el artículo 48 de la Ley 39/2015, de 1 de octubre, de Procedimiento Administrativo Común de las Administraciones Públicas:

a) Los de contenido imposible.

b) Los que carezcan de los requisitos formales indispensables para alcanzar su fin.

c) Los dictados prescindiendo total y absolutamente de los procedimientos legalmente establecidos para ellos.

d) Los dictados prescindiendo total y absolutamente del procedimiento establecido por las normas que contienen las reglas esenciales para la formación de la voluntad de los órganos colegiados.

6. ¿En qué casos un defecto de forma determinará la anulabilidad del acto?

a) Cuando carezcan de los requisitos formales indispensables para alcanzar su fin o dé lugar a indefensión.

b) Cuando sean insubsanables.

c) Solo en los casos en los que se dé lugar a indefensión.

d) Solo cuando carezcan de los requisitos formales indispensables.

7. ¿Cuál de los siguientes actos es susceptible de convalidación por parte de la Administración subsanando los vicios de que adolezcan?

a) El dictado por órgano manifiestamente incompetente por razón de la materia.

b) El dictado prescindiendo total y absolutamente de las normas que contienen las reglas esenciales para la formación de la voluntad de los órganos colegiados.

Roy

c) El dictado por órgano incompetente en razón de su jerarquía.
d) El dictado por órgano manifiestamente incompetente por razón del territorio.

8. La nulidad o anulabilidad en parte del acto administrativo:

a) Implicará la de las partes del mismo independientes de aquella.
b) Implicará la de las partes del mismo independientes de aquella, salvo cuando la administración proceda a la convalidación del acto.
c) No implicará necesariamente la de las partes del mismo independientes de aquella.
d) No implicará la de los sucesivos en el procedimiento que sean independientes del primero.

9. Los actos de las Administraciones Públicas no son nulos de pleno derecho en los casos siguientes:

a) Los que lesionen los derechos y libertades susceptibles de amparo constitucional.
b) Los que tengan un contenido imposible.
c) Los dictados prescindiendo total y absolutamente del procedimiento legalmente establecido o de las normas que contienen las reglas esenciales para la formación de la voluntad de los órganos colegiados.
d) Los que sean constitutivos de infracción administrativa y se dicten como consecuencia de esta.

10. En cuanto a los actos dictados por un órgano administrativo incompetente por razón del territorio:

a) Serán anulables.
b) Serán nulos.
c) Habrá una mera irregularidad de forma.
d) Serán plenamente eficaces ya que son susceptibles de convalidación.

En MADTEST tienes **más preguntas de este tema**, y todos tus avances quedan registrados y se reflejan en el ranking.

¡Supera tus límites con MADTEST!

Solución al test n.º 21

1. c) Los actos que tengan un contenido imposible.

2. a) Los actos de la Administración que incurran en cualquier infracción del ordenamiento jurídico, incluso la desviación de poder.

3. c) Cuando el acto carezca de los requisitos formales, dando lugar a la indefensión de los interesados.

4. b) El órgano competente cuando sea superior jerárquico del que dictó el acto viciado.

5. b) Los que carezcan de los requisitos formales indispensables para alcanzar su fin.

6. a) Cuando carezcan de los requisitos formales indispensables para alcanzar su fin o dé lugar a indefensión.

7. c) El dictado por órgano incompetente en razón de su jerarquía.

8. c) No implicará necesariamente la de las partes del mismo independientes de aquella.

9. d) Los que sean constitutivos de infracción administrativa y no se dicten como consecuencia de esta.

10. b) Serán nulos.

Ley 39/2015, de 1 de octubre, del Procedimiento Administrativo Común de las Administraciones Públicas (LPACAP) (V): El procedimiento administrativo común: Iniciación, ordenación, instrucción y terminación. La obligación de resolver: El silencio administrativo

1. Los que tuvieren la condición de interesados en un procedimiento administrativo, podrán conocer del estado de la tramitación del mismo:

a) En el trámite de audiencia.
b) En el trámite de información pública.
c) En cualquier momento
d) Solo cuando lo permita el instructor del procedimiento.

2. Las medidas provisionales adoptadas antes de la iniciación del procedimiento administrativo, deberán ser confirmadas, modificadas o levantadas en el acuerdo de iniciación del procedimiento, que deberá efectuarse:

a) Dentro de los quince días siguientes a su adopción, pudiendo ser recurrido.
b) Dentro de los veinte días siguientes a su adopción, pudiendo de ser recurrido.
c) Dentro de los diez días siguientes a su adopción, sin posibilidad de ser recurrido.
d) Dentro de los veinte días siguientes a su adopción, sin posibilidad de ser recurrido.

3. Cuando el acuerdo de iniciación del procedimiento no contenga un pronunciamiento expreso acerca de las medidas provisionales previas, dichas medidas:

a) Se mantendrán, hasta la fase de alegaciones.
b) Se mantendrán, salvo que haya recurso pendiente.
c) Se prorrogaran por quince días.
d) Quedarán sin efecto.

4. Los procedimientos de naturaleza sancionadora se iniciarán:

a) De oficio o a instancia de parte.
b) Siempre a instancia de parte.
c) Siempre de oficio.
d) En virtud de denuncia.

5. Si la solicitud de iniciación del procedimiento administrativo no reúne los requisitos recogidos en la Ley 39/2015 u otros exigidos por la legislación específica aplicable:

a) Se inadmitirá la solicitud presentada por el interesado.
b) Se le dará un plazo de cinco días para que vuelva a presentar la solicitud correctamente.
c) Se le dará un plazo de veinte días para que subsane la falta o acompañe los documentos preceptivos.
d) Se le dará un plazo de diez días para que subsane la falta o acompañe los documentos preceptivos.

6. ¿Suspenderá la tramitación del procedimiento las cuestiones incidentales que se susciten en el mismo?

a) No.
b) Sí.
c) No, salvo las que se refieran a la nulidad de actuaciones.
d) No, incluso las relativas a la recusación no se suspenderán.

7. Señala cuál de las siguientes no podrá adoptarse como medidas provisionales en un procedimiento administrativo:

a) Embargo preventivo de bienes.
b) Inmovilización de cosa mueble.
c) Retirada o intervención de bienes productivos.
d) Suspensión definitiva de actividades.

8. El interesado en el procedimiento administrativo tiene derecho:

a) A formular alegaciones y a utilizar los medios de defensa admitidos por el Ordenamiento Jurídico en cualquier fase del procedimiento.
b) A formular alegaciones, a utilizar los medios de defensa admitidos por el Ordenamiento Jurídico, y a aportar documentos en cualquier fase del procedimiento anterior al trámite de audiencia.
c) A formular alegaciones y a utilizar los medios de defensa admitidos por el Ordenamiento Jurídico en cualquier fase del procedimiento, pero solo podrá aportar documentos con posterioridad al trámite de audiencia.

d) A formular alegaciones y a utilizar los medios de defensa admitidos por el Ordenamiento Jurídico en cualquier fase del procedimiento anterior al dictado de la resolución por la que se pone fin al procedimiento.

9. Contra el acuerdo de acumulación de procedimientos:

a) Cabe recurso de revisión.
b) Cabe recurso extraordinario de revisión.
c) No cabe recurso alguno.
d) Cabe recurso de alzada.

10. Los procedimientos administrativos que no tengan naturaleza sancionadora se podrán iniciar:

a) Por acuerdo del órgano competente o a petición razonada de otros órganos.
b) Por acuerdo del órgano competente, bien por propia iniciativa o como consecuencia de orden superior, a petición razonada de otros órganos o por denuncia.
c) Por denuncia solamente.
d) De oficio siempre.

En MADTEST tienes **más preguntas de este tema**, y todos tus avances quedan registrados y se reflejan en el ranking.

¡Supera tus límites con MADTEST!

Solución al test n.º 22

1. c) En cualquier momento.

2. a) Dentro de los quince días siguientes a su adopción, pudiendo ser recurrido.

3. d) Quedarán sin efecto.

4. c) Siempre de oficio.

5. d) Se le dará un plazo de diez días para que subsane la falta o acompañe los documentos preceptivos.

6. a) No.

7. d) Suspensión definitiva de actividades.

8. b) A formular alegaciones, a utilizar los medios de defensa admitidos por el Ordenamiento Jurídico, y a aportar documentos en cualquier fase del procedimiento anterior al trámite de audiencia.

9. c) No cabe recurso alguno.

10. b) Por acuerdo del órgano competente, bien por propia iniciativa o como consecuencia de orden superior, a petición razonada de otros órganos o por denuncia.

Ley 39/2015, de 1 de octubre, del Procedimiento Administrativo Común de las Administraciones Públicas (LPACAP) (VI): La revisión de actos y disposiciones por la propia Administración: supuestos. Los recursos administrativos: concepto y clases

1. La revisión de las disposiciones dictadas por las Administraciones Públicas en vía administrativa supone:

a) La anulabilidad de los actos y disposiciones siempre que no hayan sido recurridos en plazo.

b) La estimación de las reclamaciones efectuadas por los particulares cuando haya transcurrido el plazo sin que se hubiera dictado la resolución correspondiente.

c) La declaración de oficio de la nulidad de los actos administrativos que pongan fin a la vía administrativa.

d) La posibilidad de que la nulidad de los actos administrativos sea declarada mediante dictamen del Consejo de Estado u órgano consultivo equivalente de la Comunidad Autónoma.

2. Transcurridos seis meses desde que la Administración inició de oficio el procedimiento de revisión de una disposición administrativa o un acto nulo, sin dictarse resolución, se producirá:

a) La prescripción del derecho del interesado a reclamar.

b) La nulidad *ipso iure* de la disposición o acto.

c) La desestimación de la pretensión ejercitada en el mismo.

d) La caducidad del procedimiento.

3. En los procedimientos de revisión de disposiciones administrativas y actos nulos, no será preceptiva la intervención del Consejo de Estado u órgano equivalente de la Comunidad Autónoma:

a) Cuando la nulidad sea declarada de oficio pero a instancias de interesado.

b) Para acordar motivadamente la inadmisión a trámite de las solicitudes formuladas por los interesados, siempre que no se basen en una nulidad de pleno derecho.

c) En los supuestos en que la nulidad dimane de una vulneración de normas de rango superior.

d) Para acordar motivadamente la inadmisión a trámite de las solicitudes formuladas por los interesados en cualquier caso.

4. Cuando una disposición administrativa haya sido declarada nula, el particular afectado por el acto en cuestión:

a) Tendrá derecho a ser indemnizado, siempre que el daño causado sea efectivo, evaluable, individualizado y no hubiera tenido el deber jurídico de soportarlo.

b) Será indemnizado, si en la resolución que así lo declare se reconoce ese derecho.

c) No será indemnizado en ningún caso, pues subsisten las consecuencias de los actos firmes dictados en aplicación de la misma.

d) Deberá ser indemnizado en todo caso y por el simple hecho de la declaración de nulidad, pues al serle aplicada una norma manifiestamente ilegal, el perjuicio o daño se presume.

5. El plazo para declarar de oficio la nulidad de los actos administrativos que hayan puesto fin a la vía administrativa o que no hayan sido recurridos en su momento oportuno, es:

a) De seis meses.

b) De cuatro años.

c) De cuatro años para los que no hayan sido recurridos en plazo e indefinidamente para los que pongan fin a la vía administrativa.

d) *Sine die*, es decir, no existe plazo alguno para ello.

6. La declaración de lesividad de los actos administrativos favorables a los interesados:

a) Supone la nulidad automática de los mismos, sin necesidad de recabar dictamen del Consejo de Estado u órgano consultivo equivalente de la Comunidad Autónoma.

b) Reconoce el derecho de los particulares a ser indemnizados como consecuencia de los daños y perjuicios que les haya causado la aplicación de los actos declarados nulos.

c) Permite a las Administraciones Públicas impugnar ante la Jurisdicción Contencioso-Administrativa dichos actos.

d) Es la Resolución por la que se declara la anulabilidad de los mismos.

7. Los actos administrativos con defectos de forma pero con los requisitos formales indispensables para alcanzar su fin, sin causar indefensión de los interesados:

a) Serán declarados lesivos para el interés público si ha beneficiado al interesado o interesados.

b) Son anulables, previa declaración de lesividad y el dictamen favorable del Consejo de Estado u órgano consultivo equivalente de la Comunidad Autónoma.

c) Son nulos de pleno derecho.
d) No son anulables, por lo general.

8. La lesividad de un acto administrativo podrá declararse:

a) A los cuatro años desde su dictado.
b) Antes de los seis meses desde que se dictó.
c) Cuatro años después de conocido el vicio que lo invalida.
d) En cualquier momento.

9. El transcurso del plazo previsto para la resolución del procedimiento en el que se declare la lesividad del acto, sin haberse acordado la misma, supone:

a) La anulabilidad del acto administrativo.
b) La nulidad del acto administrativo.
c) La firmeza del acto administrativo.
d) La caducidad del procedimiento administrativo.

10. La competencia para declarar la lesividad de un acto emanado de una entidad de las que integran la Administración Local corresponde:

a) Al Alcalde de la Corporación.
b) Al Pleno de la Corporación.
c) Al órgano individual superior de la Corporación.
d) Al Consejo de Estado u órgano consultivo equivalente de la Comunidad Autónoma.

En MADTEST tienes **más preguntas de este tema**, y todos tus avances quedan registrados y se reflejan en el ranking.

¡Supera tus límites con MADTEST!

Solución al test n.º 23

1. c) La declaración de oficio de la nulidad de los actos administrativos que pongan fin a la vía administrativa.

2. d) La caducidad del procedimiento.

3. b) Para acordar motivadamente la inadmisión a trámite de las solicitudes formuladas por los interesados, siempre que no se basen en una nulidad de pleno derecho.

4. a) Tendrá derecho a ser indemnizado, siempre que el daño causado sea efectivo, evaluable, individualizado y no hubiera tenido el deber jurídico de soportarlo.

5. d) Sine die, es decir, no existe plazo alguno para ello.

6. c) Permite a las Administraciones Públicas impugnar ante la Jurisdicción Contencioso Administrativa dichos actos.

7. d) No son anulables, por lo general.

8. a) A los cuatro años desde su dictado.

9. d) La caducidad del procedimiento administrativo.

10. b) Al Pleno de la Corporación.

Real Decreto 203/2021, de 30 de marzo, por el que se aprueba el Reglamento de actuación y funcionamiento del sector público por medios electrónicos: (I) Título Preliminar: Derecho y obligación de relacionarse electrónicamente con las Administraciones Públicas, canales de asistencia para el acceso a los servicios electrónicos. Título I. Portales de Internet, punto de acceso general electrónico y sedes electrónicas: Portales de internet de las Administraciones Públicas, Punto de Acceso General electrónico, Sedes electrónicas de las Administraciones Públicas (definición, creación, supresión, contenido y servicios). Título II. Procedimiento administrativo por medios electrónicos: Actuación administrativa automatizada y régimen de subsanación. Sistemas de identificación, firma y verificación. Sistemas de firma electrónica para la actuación administrativa automatizada

1. ¿Qué se entiende por Administración electrónica?

a) El uso de papel para todos los trámites administrativos.
b) El modelo de Administración pública basado en las TIC para mejorar la eficiencia y relaciones con los ciudadanos.
c) Un conjunto de leyes sobre la función pública.
d) Un programa informático de gestión pública.

2. ¿Qué Ley reconoció por primera vez el derecho de los ciudadanos a relacionarse electrónicamente con la Administración?

a) Ley 11/2007.
b) Ley 30/1992.
c) Ley 39/2015.
d) Ley 40/2015.

3. ¿Cuál es el objetivo del Real Decreto 203/2021?

a) Regular el empleo público.
b) Regular los contratos administrativos.
c) Desarrollar la Ley 39/2015 y la Ley 40/2015 en materia de actuación electrónica del sector público.
d) Sustituir la Ley de Transparencia.

4. ¿Cuántos niveles de Administración existen en España?

a) Tres.
b) Dos.
c) Cinco.
d) Cuatro (incluyendo la Unión Europea).

5. ¿Quiénes están obligados a relacionarse electrónicamente con las Administraciones Públicas según el artículo 14 de la LPACAP?

a) Cualquier ciudadano.
b) Personas jurídicas, entidades sin personalidad jurídica, profesionales colegiados, representantes y empleados públicos.
c) Solo las empresas tecnológicas.
d) Únicamente las personas físicas mayores de edad.

6. ¿Desde cuándo surten efecto las comunicaciones para optar por la relación electrónica o dejar de hacerlo?

a) Desde el mismo día de la solicitud.
b) A los tres días hábiles.
c) Al quinto día hábil siguiente a la constancia de la comunicación por el órgano competente.
d) A los diez días naturales.

7. ¿Qué artículo de la LPACAP regula el derecho y deber de comunicarse electrónicamente con la Administración?

a) Art. 14.
b) Art. 10.
c) Art. 26.
d) Art. 53.

8. ¿Qué canal de asistencia NO se menciona expresamente en el RD 203/2021?

a) Presencial.
b) Telefónico.

c) Redes sociales.
d) Fax.

9. ¿Qué órgano gestiona el Punto de Acceso General electrónico (PAGe) de la Administración General del Estado?

a) Ministerio del Interior.
b) Ministerio de Transformación Digital y de la Función Pública.
c) Ministerio de Hacienda.
d) Consejo de Ministros.

10. ¿Qué es una sede electrónica según el RD 203/2021?

a) Una dirección postal de la Administración.
b) Una base de datos interna de funcionarios.
c) Una dirección electrónica donde se realizan actuaciones y trámites con identificación electrónica.
d) Un programa de registro documental.

En MADTEST tienes **más preguntas de este tema**, y todos tus avances quedan registrados y se reflejan en el ranking.

¡Supera tus límites con MADTEST!

Solución al test n.º 24

1. b) El modelo de Administración pública basado en las TIC para mejorar la eficiencia y relaciones con los ciudadanos.

2. a) Ley 11/2007.

3. c) Desarrollar la Ley 39/2015 y la Ley 40/2015 en materia de actuación electrónica del sector público.

4. d) Cuatro (incluyendo la Unión Europea).

5. b) Personas jurídicas, entidades sin personalidad jurídica, profesionales colegiados, representantes y empleados públicos.

6. c) Al quinto día hábil siguiente a la constancia de la comunicación por el órgano competente.

7. a) Art. 14.

8. d) Fax.

9. b) Ministerio de Transformación Digital y de la Función Pública.

10. c) Una dirección electrónica donde se realizan actuaciones y trámites con identificación electrónica.

Real Decreto 203/2021, de 30 de marzo, por el que se aprueba el Reglamento de actuación y funcionamiento del sector público por medios electrónicos: (II) Sistemas de firma electrónica del personal al servicio de las Administraciones Públicas. Intercambio electrónico de datos en entornos cerrados de comunicación. Registros, comunicaciones y notificaciones electrónicas: Registro electrónico, Presentación y tratamiento de documentos en registro, Oficinas de asistencia en materia de registros, Comunicaciones y notificaciones electrónicas. Archivo electrónico de documentos

1. ¿Qué artículo del RD 203/2021 regula la firma electrónica del personal al servicio de las Administraciones Públicas?

a) Artículo 15.
b) Artículo 19.
c) Artículo 22.
d) Artículo 25.

2. ¿Cómo se realiza la actuación de una Administración Pública por medios electrónicos?

a) Mediante firma manuscrita digitalizada.
b) Mediante firma electrónica del titular del órgano o empleado público competente.
c) Mediante sello de agua digital.
d) Mediante correo electrónico autenticado.

3. ¿Qué tipo de certificados deben tener los empleados públicos?

a) Certificados electrónicos cualificados.
b) De nivel básico.
c) Certificados de clase 2.
d) Certificados revocables.

4. ¿Qué norma establece los criterios para la interoperabilidad?

a) Ley 39/2015.
b) Ley 9/2017.
c) Esquema Nacional de Interoperabilidad.
d) Reglamento de Protección de Datos.

5. ¿Qué pueden incluir los certificados electrónicos de empleado público por razones de seguridad pública?

a) Firma holográfica.
b) Número de identificación profesional (NIP).
c) Clave alfanumérica privada.
d) Nombre cifrado del titular.

6. ¿Qué garantiza la utilización de la firma electrónica del personal público?

a) Mayor rapidez.
b) Eficiencia económica.
c) Mayor confidencialidad de los expedientes.
d) Autenticidad e integridad de las actuaciones electrónicas.

7. ¿Qué Administración conserva la documentación acreditativa de identidad del titular del certificado electrónico?

a) La Administración solicitante del certificado.
b) El Ministerio de Hacienda.
c) El prestador del servicio de confianza.
d) La Agencia Estatal de Administración Digital.

8. ¿Qué es la interoperabilidad?

a) Comunicación telefónica entre sedes.
b) Capacidad de los sistemas para compartir datos y conocimiento entre sí.
c) Intercambio de datos sin control.
d) Reducción de la transparencia.

9. ¿Qué garantiza el Esquema Nacional de Seguridad en los entornos cerrados de comunicación?

a) Acceso libre a los datos.
b) Reducción del coste de transmisión.
c) Supresión de registros duplicados.
d) Seguridad y protección de los datos transmitidos.

10. ¿Cuándo los documentos electrónicos en entornos cerrados son válidos a efectos de autenticación?

a) Cuando cumplen las condiciones de seguridad, identificación y autenticación previstas.
b) Solo si son firmados manualmente.
c) Cuando se envían por correo electrónico.
d) Cuando se publican en el BOE.

Solución al test n.º 25

1. c) Artículo 22.

2. b) Mediante firma electrónica del titular del órgano o empleado público competente.

3. a) Certificados electrónicos cualificados.

4. c) Esquema Nacional de Interoperabilidad.

5. b) Número de identificación profesional (NIP).

6. d) Autenticidad e integridad de las actuaciones electrónicas.

7. a) La Administración solicitante del certificado.

8. b) Capacidad de los sistemas para compartir datos y conocimiento entre sí.

9. d) Seguridad y protección de los datos transmitidos.

10. a) Cuando cumplen las condiciones de seguridad, identificación y autenticación previstas.

TEST N.º 26

La Ley 40/2015, de 1 de octubre, de Régimen Jurídico del Sector Público. Órganos administrativos (artículo 5). Competencia: delegación y avocación, encomienda de gestión, delegación de firma y suplencia (artículos 8 a 13, ambos inclusive). Órganos colegiados: funcionamiento (artículos 15 a 18). Abstención y recusación (artículos 23 y 24). Principios de la potestad sancionadora (artículos 25 a 31). Principios de la responsabilidad patrimonial de las Administraciones Públicas (artículo 32)

1. De conformidad con el artículo 8 de la Ley 40/2015, de 1 de octubre, de Régimen Jurídico del Sector Público, la competencia para el dictado de actos administrativos:

a) Es irrenunciable y siempre se ejercerá por los órganos administrativos que la tengan atribuida como propia.

b) Se puede delegar en todo caso.

c) Es irrenunciable y se ejercerá por los órganos administrativos que la tengan atribuida como propia, salvo los casos de delegación o avocación, en los términos previstos en la ley.

d) Es irrenunciable y se ejercerá por los órganos administrativos que la tengan atribuida como propia, salvo los casos de delegación de firma o suplencia, en los términos previstos en la ley.

2. En ningún caso podrán ser objeto de delegación, tal y como dispone la Ley 40/2015, de 1 de octubre, competencias relativas a:

a) La resolución de los recursos de alzada.

b) La adopción de disposiciones de carácter general.

c) Las resoluciones en materia de personal.

d) Las resoluciones de responsabilidad patrimonial.

3. Según dispone el artículo 23 de la Ley 40/2015, de 1 de octubre, de Régimen Jurídico del Sector Público, es motivo de abstención:

a) Tener interés personal en el asunto de que se trate o en otro en cuya resolución pudiera influir la de aquel, ser administrador de sociedad o entidad interesada, o tener cuestión litigiosa pendiente con algún interesado.

b) Tener parentesco de consanguinidad dentro del cuarto grado o de afinidad dentro del tercero, con cualquiera de los interesados, con los administradores de entidades o sociedades interesadas o con sus asesores o representantes legales.

c) Haber prestado servicios profesionales de cualquier tipo y en cualquier circunstancia o lugar en los cinco últimos años a persona natural interesada directamente en el asunto.

d) Haber prestado servicios profesionales de cualquier tipo y en cualquier circunstancia o lugar en los cinco últimos años a persona jurídica interesada directamente en el asunto.

4. La recusación de acuerdo con el artículo 24 de la Ley 40/2015, de 1 de octubre, de Régimen Jurídico del Sector Público, la promueve:

a) La autoridad.
b) El superior jerárquico de la autoridad o funcionario.
c) El interesado.
d) El funcionario.

5. Según dispone el artículo 23 de la Ley 40/2015, de 1 de octubre, de Régimen Jurídico del Sector Público, NO es un motivo de abstención:

a) Haber tenido intervención como perito en el procedimiento de que se trate.

b) Tener parentesco de afinidad dentro del segundo grado, con cualquiera de los interesados, con los administradores de entidades o sociedades interesadas y también con los asesores, representantes legales o mandatarios que intervengan en el procedimiento.

c) Tener parentesco de afinidad dentro del cuarto grado, con cualquiera de los interesados, con los administradores de entidades o sociedades interesadas y también con los asesores, representantes legales o mandatarios que intervengan en el procedimiento.

d) Haber tenido intervención como testigo en el procedimiento de que se trate.

6. Conforme a lo dispuesto en el artículo 5.3 de la Ley 40/2015, de 1 de octubre, de Régimen Jurídico del Sector Público, ¿qué requisito, de los siguientes, debe cumplirse para la creación de cualquier órgano administrativo?

a) Determinar su forma de descentralización en la Administración Pública de que se trate.
b) Fijar los objetivos de interés común a cumplir.
c) La dotación de los créditos necesarios para su puesta en marcha y funcionamiento.
d) Deben cumplirse todos los requisitos anteriores.

7. De acuerdo con lo dispuesto en el artículo 8.1 de la Ley 40/2015, de 1 de octubre, de Régimen Jurídico del Sector Público, ¿cómo es la competencia que ejerce un órgano administrativo que la tenga atribuida como propia?

a) Es compartida con el órgano de superior jerarquía.
b) Es irrenunciable.
c) Es renunciable ante el órgano superior del mismo ente.
d) Es renunciable ante el órgano superior del mismo ente, a través de la técnica de la avocación.

8. Señala la respuesta correcta. De acuerdo con lo dispuesto en el artículo 8 de la Ley 40/2015, de 1 de octubre, de Régimen Jurídico del Sector Público:

a) Se pueden crear órganos que supongan duplicación de otros ya existentes.
b) La delegación de firma y la suplencia supone alteración de la titularidad de la competencia.
c) La encomienda de gestión supone alteración de la titularidad de la competencia.
d) Salvo los casos de avocación o delegación la competencia es irrenunciable.

9. Señala la respuesta correcta. Según el artículo 9 de la Ley 40/2015, de 1 de octubre, de Régimen Jurídico del Sector Público:

a) Los órganos de las diferentes Administraciones Públicas no podrán delegar el ejercicio de competencias que tengan atribuidas en otros órganos de la misma Administración, aun cuando no sean jerárquicamente dependientes.
b) No podrán ser objeto de delegación las competencias relativas a asuntos que se refieran a las relaciones con las Asambleas Legislativas de las Comunidades Autónomas.
c) Se podrán delegar las competencias relativas a asuntos que se refieran a las relaciones con las Cortes Generales.
d) Podrá ser objeto de delegación la resolución de recursos en los órganos administrativos que hayan dictado los actos objeto de recurso.

10. A tenor de lo dispuesto en el artículo 9.3 de la Ley 40/2015, de 1 de octubre, de Régimen Jurídico del Sector Público, ¿dónde deberán publicarse la delegación de competencias y su revocación?

a) En el Boletín Oficial del Estado, siempre.
b) En el Diario Oficial de la Comunidad Autónoma.
c) En el Diario Oficial de la Provincia.
d) El medio de publicación dependerá de la Administración a que pertenezca el órgano delegante y el ámbito territorial de competencia de este.

En MADTEST tienes **más preguntas de este tema**, y todos tus avances quedan registrados y se reflejan en el ranking.

¡Supera tus límites con MADTEST!

Solución al test n.º 26

1. c) Es irrenunciable y se ejercerá por los órganos administrativos que la tengan atribuida como propia, salvo los casos de delegación o avocación, en los términos previstos en la ley.

2. b) La adopción de disposiciones de carácter general.

3. a) Tener interés personal en el asunto de que se trate o en otro en cuya resolución pudiera influir la de aquel, ser administrador de sociedad o entidad interesada, o tener cuestión litigiosa pendiente con algún interesado.

4. c) El interesado.

5. c) Tener parentesco de afinidad dentro del cuarto grado, con cualquiera de los interesados, con los administradores de entidades o sociedades interesadas y también con los asesores, representantes legales o mandatarios que intervengan en el procedimiento.

6. c) La dotación de los créditos necesarios para su puesta en marcha y funcionamiento.

7. b) Es irrenunciable.

8. d) Salvo los casos de avocación o delegación la competencia es irrenunciable.

9. b) No podrán ser objeto de delegación las competencias relativas a asuntos que se refieran a las relaciones con las Asambleas Legislativas de las Comunidades Autónomas.

10. d) El medio de publicación dependerá de la Administración a que pertenezca el órgano delegante y el ámbito territorial de competencia de este.

Funcionamiento de los órganos colegiados locales: Régimen de sesiones y acuerdos. Convocatoria y orden del día. Actas y certificaciones de acuerdos

1. Atendiendo a su finalidad fundamental, puede definirse la sesión como:

a) Un acto más del procedimiento.
b) Una reunión de los miembros de la Corporación.
c) Un procedimiento que tiene por objeto la formación y declaración de voluntad del órgano colegiado.
d) Una conferencia expositiva.

2. Las sesiones pueden ser:

a) Ordinarias y extraordinarias.
b) Ordinarias y permanentes.
c) Permanentes y especiales.
d) Ordinarias, extraordinarias y extraordinarias urgentes.

3. La periodicidad de las sesiones extraordinarias es:

a) Como mínimo cada mes en los Ayuntamientos de municipios de más de 20.000 habitante.
b) Cada dos meses en los Ayuntamientos de los municipios de una población entre 5.001 habitantes y 20.000 habitantes.
c) Las sesiones extraordinarias no están sujetas a periodicidad.
d) Cada tres meses en los municipios de hasta 5.000 habitantes.

4. Si el Presidente no convocase el Pleno extraordinario solicitado por la cuarta parte, al menos, del número legal de miembros de la Corporación dentro del plazo de quince días hábiles desde que fuera solicitado:

a) Quedará automáticamente convocado para el décimo día hábil siguiente al de la finalización de dicho plazo, a las once horas.

b) Quedará automáticamente convocado para el undécimo día hábil siguiente al de la finalización de dicho plazo, a las doce horas.

c) Quedará automáticamente convocado para el décimo día hábil siguiente al de la finalización de dicho plazo, a las doce horas.

d) Ninguna respuesta es correcta.

5. La convocatoria de las sesiones dará lugar a la apertura del correspondiente expediente, en el que no deberá constar:

a) La constancia de las tasas que procedan.

b) La relación de expedientes conclusos.

c) La fijación del Orden del Día.

d) Minuta del Acta.

6. En el Orden del Día de las sesiones ordinarias se incluirá el punto de ruegos y preguntas:

a) De todos los asistentes.

b) Siempre.

c) De las asociaciones de vecinos.

d) En determinados casos.

7. ¿Es posible habilitarse otro edificio o local para la celebración de las sesiones?

a) En los casos de fuerza mayor.

b) En ningún caso.

c) Se celebrarán en la Casa Consistorial y si no es posible se suspenderá la sesión.

d) En todo caso, se celebrarán en Palacio Provincial o sede de la Corporación de que se trate.

8. Quien se considere aludido por una intervención podrá solicitar del Alcalde o Presidente:

a) La concesión de un turno por alusiones por tiempo de tres minutos.

b) Retirarse de la sesión.

c) Que se conceda un turno por alusiones, que será breve y conciso.

d) La concesión de un turno por alusiones por tiempo de cinco minutos.

9. ¿En qué consiste la moción?

a) Es la propuesta sometida a Pleno tras el estudio del expediente por la Comisión Informativa.

b) Es la propuesta que se somete a Pleno relativa a un asunto incluido en el Orden del Día sin haber pasado por la Comisión Informativa.

c) Es la propuesta que se somete directamente a conocimiento del Pleno, sobre un asunto no comprendido en el Orden del Día y que no tiene cabida en el punto de ruegos y preguntas.

d) Es la propuesta de modificación de un dictamen formulada por un miembro de la Comisión Informativa.

10. La votación podrá ser:

a) Por nombre y apellidos o por partido político.
b) Nominal, secreta y en voz alta.
c) Secreta y no secreta.
d) Nominal, secreta y ordinaria.

En MADTEST tienes **más preguntas de este tema**, y todos tus avances quedan registrados y se reflejan en el ranking.

¡Supera tus límites con MADTEST!

Solución al test n.º 27

1. c) Un procedimiento que tiene por objeto la formación y declaración de voluntad del órgano colegiado.

2. d) Ordinarias, extraordinarias y extraordinarias urgentes.

3. c) Las sesiones extraordinarias no están sujetas a periodicidad.

4. c) Quedará automáticamente convocado para el décimo día hábil siguiente al de la finalización de dicho plazo, a las doce horas.

5. a) La constancia de las tasas que procedan.

6. b) Siempre.

7. a) En los casos de fuerza mayor.

8. c) Que se conceda un turno por alusiones, que será breve y conciso.

9. c) Es la propuesta que se somete directamente a conocimiento del Pleno, sobre un asunto no comprendido en el Orden del Día y que no tiene cabida en el punto de ruegos y preguntas.

10. d) Nominal, secreta y ordinaria.

La Ley 9/2017, de 8 de noviembre, de Contratos del Sector Público. Objeto y finalidad tipos de contratos del Sector Público. Régimen jurídico de los contratos administrativos. La selección de la persona contratista

1. Los contratos que tienen por objeto la adquisición, el arrendamiento financiero, o el arrendamiento, con o sin opción de compra, de productos o bienes muebles, son:

a) Contratos de servicios.
b) Contratos de suministro.
c) Contratos de obras.
d) Contratos de gestión de servicios públicos.

2. No se consideran contratos de suministros:

a) Aquellos en los que el empresario se obligue a entregar una pluralidad de bienes de forma sucesiva y por precio unitario sin que la cuantía total se defina con exactitud al tiempo de celebrar el contrato, por estar subordinadas las entregas a las necesidades del adquirente.
b) Los que tengan por objeto la adquisición y el arrendamiento de equipos y sistemas de telecomunicaciones o para el tratamiento de la información, sus dispositivos y programas, y la cesión del derecho de uso de estos últimos.
c) Los de adquisición de programas de ordenador desarrollados a medida.
d) Los de fabricación, por los que la cosa o cosas que hayan de ser entregadas por el empresario deban ser elaboradas con arreglo a características peculiares fijadas previamente por la entidad contratante, aun cuando esta se obligue a aportar, total o parcialmente, los materiales precisos.

3. Están sujetos a regulación armonizada los contratos de obras y los contratos de concesión de obras públicas cuyo valor estimado sea igual o superior a:

a) 5.538.000 euros.
b) 6.581.000 euros.

c) 8.615.000 euros.
d) 1.861.000 euros.

4. De los siguientes, son contratos privados los contratos celebrados por una Administración Pública que tengan por objeto:

a) La suscripción a revistas, publicaciones periódicas y bases de datos.
b) La concesión de servicios públicos.
c) Los contratos de colaboración entre el sector público y el sector privado.
d) La adquisición de suministros.

5. En un contrato de concesión de obras, cuando no esté garantizado que, en condiciones normales de funcionamiento, el concesionario vaya a recuperar las inversiones realizadas ni a cubrir los costes en que hubiera incurrido como consecuencia de la explotación de las obras que sean objeto de la concesión, se considerará que el mismo asume un riesgo:

a) Operacional.
b) Virtual.
c) General.
d) Provisional.

6. Los contratos que tengan por objeto la adquisición de energía primaria o energía transformada se consideran:

a) Contratos de concesión de servicios.
b) Contratos de suministros.
c) Contratos privados.
d) Contratos de servicios.

7. Deberá elaborarse un proyecto y tramitarse como la Ley 9/2017 dispone para los contratos de obras, el contrato mixto en que un elemento del contrato sea una obra y esta supere:

a) Los 50.000 euros.
b) Los 100.000 euros.
c) Los 5.000 euros.
d) Los 10.000 euros.

8. No podrán ser objeto de los contratos de servicios:

a) Los que impliquen ejercicio de la autoridad inherente a los poderes públicos.
b) Los que impliquen el desarrollo o mantenimiento de aplicaciones informáticas.
c) Los que tengan por objeto el desarrollo y la puesta a disposición de productos protegidos por un derecho de propiedad intelectual o industrial.

d) Los que tengan por objeto la prestación de actividades docentes en centros del sector público desarrolladas en forma de cursos de formación o perfeccionamiento del personal al servicio de la Administración.

9. Los contratos celebrados por entidades del sector público que no reúnan la condición de poder adjudicador, tienen la consideración de:

a) Contratos administrativos.
b) Contratos privados.
c) Contratos administrativos especiales.
d) Contratos mixtos.

10. Señalar la opción incorrecta: La Ley 9/2017, tal como dispone su artículo 1, tiene por objeto regular la contratación del sector público, a fin de garantizar que la misma se ajusta a los principios de:

a) Libertad de acceso a las licitaciones.
b) Publicidad y transparencia de los procedimientos.
c) No discriminación e igualdad de trato entre los licitadores.
d) Responsabilidad por daños y perjuicios causados a terceros.

En MADTEST tienes **más preguntas de este tema**, y todos tus avances quedan registrados y se reflejan en el ranking.

¡Supera tus límites con MADTEST!

Solución al test n.º 28

1. b) Contratos de suministro.

2. c) Los de adquisición de programas de ordenador desarrollados a medida.

3. a) 5.538.000 euros.

4. a) La suscripción a revistas, publicaciones periódicas y bases de datos.

5. a) Operacional.

6. b) Contratos de suministros.

7. a) Los 50.000 euros.

8. a) Los que impliquen ejercicio de la autoridad inherente a los poderes públicos.

9. b) Contratos privados.

10. d) Responsabilidad por daños y perjuicios causados a terceros.

El patrimonio de las entidades locales: Bienes y derechos que lo integran. Clases. Bienes de dominio público. Bienes patrimoniales. Prerrogativas y potestades de las entidades locales en relación con sus bienes. Los bienes comunales. El inventario

1. Según la Ley del Patrimonio de las Administraciones Públicas, el patrimonio de las Administraciones Públicas está constituido por:

a) El conjunto de bienes y derechos, cualquiera que sea su naturaleza y el título de su adquisición.
b) El dinero.
c) Los valores.
d) Los créditos y los demás recursos financieros de su hacienda.

2. Por razón del régimen jurídico al que están sujetos, los bienes y derechos que integran el patrimonio de las Administraciones Públicas pueden ser:

a) De dominio público o patrimoniales y de dominio privado.
b) De dominio público y de dominio privado o demaniales.
c) De dominio público y de dominio privado.
d) Demaniales y comunales.

3. Tienen la consideración de bienes comunales:

a) Aquellos cuyo aprovechamiento corresponda al común de los vecinos.
b) Aquellos cuyo aprovechamiento corresponda al común de los ciudadanos.
c) Aquellos cuyo aprovechamiento corresponda al común de los residentes.
d) Los destinados a un uso o servicio público.

4. Los bienes comunales solo podrán pertenecer:

a) Al municipio.
b) Al municipio y a las Entidades Locales Menores.

c) Al municipio y a la provincia.
d) Al patrimonio del Estado.

5. Según el artículo 132 de la Constitución Española, los bienes de dominio público:

a) Se inspiran en los principios de inalienabilidad, imprescriptibilidad e inembargabilidad.
b) Se encuentran inspirados en los principios de preferencia, dominio y generalidad.
c) Se ajustan a los principios de desafectación e inalienabilidad.
d) Se inspiran en los principios de no sujeción a tributo alguno e inembargabilidad.

6. De conformidad con el artículo 6 de la Ley del Patrimonio de las Administraciones Públicas no es un principio al que se ajusta la gestión y administración de los bienes y derechos demaniales:

a) Dedicación preferente al uso común frente a su uso privativo.
b) Simplicidad y máxima celeridad.
c) Identificación y control a través de inventarios o registros adecuados.
d) Cooperación y colaboración entre las Administraciones Públicas en el ejercicio de sus competencias sobre el dominio público.

7. Son bienes de uso público local:

a) Las aguas de fuentes y estanques.
b) Los puentes y demás obras públicas de aprovechamiento.
c) Las Casas Consistoriales.
d) Las respuestas a) y b) son correctas.

8. Son bienes de servicio público:

a) Los Palacios Provinciales.
b) Los destinados al cumplimiento de fines públicos de responsabilidad de las Entidades Locales.
c) Las plazas, calles, paseos.
d) Las respuestas a) y b) son correctas.

9. Las Administraciones Públicas no podrán adquirir bienes y derechos:

a) Por herencia, legado o donación.
b) Por prescripción.
c) Por usurpación.
d) Por atribución de la ley.

10. Cuando un Ayuntamiento adquiera un bien a título oneroso se exigirá:

a) Informe previo pericial y acuerdo de la Corporación si se trata de valores mobiliarios.

b) Informe previo del órgano estatal o autonómico competente si se trata de bienes de carácter histórico y artístico, y excedan del 1 por 100 de los recursos ordinarios del Presupuesto de la Corporación.

c) Autorización de la Comunidad Autónoma respectiva si se trata de bienes inmuebles.

d) Ninguna respuesta es correcta.

En MADTEST tienes **más preguntas de este tema**, y todos tus avances quedan registrados y se reflejan en el ranking.

¡Supera tus límites con MADTEST!

Solución al test n.º 29

1. a) El conjunto de bienes y derechos, cualquiera que sea su naturaleza y el título de su adquisición.

2. c) De dominio público y de dominio privado.

3. a) Aquellos cuyo aprovechamiento corresponda al común de los vecinos.

4. b) Al municipio y a las Entidades Locales Menores.

5. a) Se inspiran en los principios de inalienabilidad, imprescriptibilidad e inembargabilidad.

6. b) Simplicidad y máxima celeridad.

7. d) Las respuestas a) y b) son correctas.

8. d) Las respuestas a) y b) son correctas.

9. c) Por usurpación.

10. b) Informe previo del órgano estatal o autonómico competente si se trata de bienes de carácter histórico y artístico, y excedan del 1 por 100 de los recursos ordinarios del Presupuesto de la Corporación.

Los recursos de las haciendas locales. Los tributos locales: Principios. La potestad reglamentaria de las entidades locales en materia tributaria: contenido de las ordenanzas fiscales, tramitación y régimen de impugnación de los actos de imposición y ordenación de los tributos. El establecimiento de recursos no tributarios

1. De conformidad con el artículo 142 de la Constitución Española:

a) Las Haciendas Locales deberán disponer de los medios suficientes para el desempeño de las funciones que la ley atribuye a las Corporaciones respectivas.

b) Las Haciendas Locales deberán disponer de los medios necesarios para el desempeño de las funciones que la ley atribuye a las Corporaciones respectivas.

c) Las Haciendas Locales deberán disponer de los medios suficientes para el desempeño de las necesidades que la ley atribuye a las Corporaciones respectivas.

d) Las Haciendas Locales deberán disponer de los medios suficientes para el desempeño de las actividades que la ley atribuye a las Corporaciones respectivas.

2. Según la Ley de Bases de Régimen Local:

a) Las Haciendas Locales se nutren, además de tributos propios y de las participaciones reconocidas en los del Estado y en los de las Comunidades Autónomas, de aquellos otros recursos que prevé la ley.

b) Las Haciendas Locales se nutren, además de tributos propios, de las participaciones reconocidas en los del Estado y en los de las Comunidades Autónomas.

c) Las Haciendas Locales se nutren, además de tributos propios, de las participaciones reconocidas en los del Estado.

d) Las Haciendas Locales se nutren, además de tributos propios, de las participaciones reconocidas en los de las Comunidades Autónomas.

3. Solo podrán establecerse prestaciones personales o patrimoniales de carácter público:

a) Con arreglo a la ley.

b) Con arreglo a la norma.

c) Con arreglo a los reglamentos.
d) Con arreglo a los Reales Decretos.

4. ¿Tienen las Entidades Locales potestad tributaria?

a) Sí, de carácter secundario.
b) Sí, de carácter primario.
c) No.
d) Solo la tiene el Estado.

5. La potestad reglamentaria de las Entidades Locales en materia tributaria se ejercerá a través de:

a) Ordenanzas Generales de Gestión, Recaudación e Inspección.
b) Ordenanzas Fiscales reguladoras de sus propios tributos.
c) Las respuestas anteriores son correctas.
d) Ordenanzas Fiscales reguladoras de las tarifas.

6. La Hacienda de las Entidades Locales estará constituida por los siguientes recursos:

a) Las subvenciones.
b) El producto de las operaciones de crédito.
c) El producto de las multas y sanciones.
d) Todas las respuestas son verdaderas.

7. ¿Qué ingresos tienen la consideración de derecho privado?

a) Las adquisiciones a título de herencia, legado o donación.
b) Los rendimientos o productos de cualquier naturaleza derivados del patrimonio.
c) Las adquisiciones mediante contratos.
d) Las respuestas a) y b) son correctas.

8. Tendrán la consideración de tasas las prestaciones patrimoniales que establezcan las Entidades locales por:

a) El coste de las obras.
b) La utilización privativa o el aprovechamiento especial del dominio público local.
c) Las actividades administrativas de toda clase.
d) Ninguna respuesta es correcta.

9. El importe de las contribuciones especiales no podrá exceder de:

a) 50 por 100 del coste de la obra que el Municipio soporte.
b) 90 por 100 del coste de la obra que el Municipio soporte.

c) 70 por 100 del coste de la obra que el Municipio soporte.
d) 80 por 100 del coste de la obra que el Municipio soporte.

10. Los Ayuntamientos podrán establecer y exigir el siguiente impuesto:

a) Impuesto sobre Bienes Inmuebles.
b) Impuesto sobre Vehículos de Tracción Mecánica.
c) Impuesto sobre el Incremento de Valor de los Terrenos de Naturaleza Urbana.
d) Impuesto sobre Actividades Económicas.

En MADTEST tienes **más preguntas de este tema**, y todos tus avances quedan registrados y se reflejan en el ranking.

¡Supera tus límites con MADTEST!

Solución al test n.º 30

1. a) Las Haciendas Locales deberán disponer de los medios suficientes para el desempeño de las funciones que la ley atribuye a las Corporaciones respectivas.

2. a) Las Haciendas Locales se nutren, además de tributos propios y de las participaciones reconocidas en los del Estado y en los de las Comunidades Autónomas, de aquellos otros recursos que prevé la ley.

3. a) Con arreglo a la ley.

4. a) Sí, de carácter secundario.

5. c) Las respuestas anteriores son correctas.

6. d) Todas las respuestas son verdaderas.

7. d) Las respuestas a) y b) son correctas.

8. b) La utilización privativa o el aprovechamiento especial del dominio público local.

9. b) 90 por 100 del coste de la obra que el Municipio soporte.

10. c) Impuesto sobre el Incremento de Valor de los Terrenos de Naturaleza Urbana.

El presupuesto general de las entidades locales: concepto y contenido. Especial referencia a las bases de ejecución del presupuesto. La elaboración y aprobación del presupuesto. Fases de la gestión del presupuesto de gastos. La prórroga del presupuesto

1. Los Presupuestos Generales de las Entidades Locales constituyen de acuerdo con el Texto Refundido de la Ley Reguladora de las Haciendas Locales:

a) La expresión de las obligaciones que, como máximo, pueden reconocer la Entidad y sus Organismos Autónomos.

b) La expresión cifrada, conjunta y sistemática de las obligaciones que, como máximo, pueden reconocer la Entidad y sus Organismos Autónomos.

c) La expresión cifrada, general y sistemática de las obligaciones que, como máximo, pueden reconocer la Entidad y sus Organismos Autónomos.

d) La expresión contable, conjunta y sistemática de las obligaciones que, como máximo, pueden reconocer la Entidad y sus Organismos Autónomos.

2. Las Entidades Locales elaborarán y aprobarán anualmente un Presupuesto General en el que se integrarán:

a) El Presupuesto de los organismos autónomos dependientes.

b) Los estados de previsión de gastos e ingresos de las Sociedades Mercantiles cuyo capital social pertenezca íntegramente a la Entidad Local.

c) Las respuestas a) y b) son correctas.

d) El presupuesto agregado de la propia Entidad.

3. El contenido mínimo de las Bases de Ejecución del Presupuesto deberá incluir:

a) Normas que regulen el procedimiento de ejecución del Presupuesto.

b) Regulación de las transferencias de créditos.

c) Niveles de vinculación jurídica de los créditos.

d) Todas respuestas son correctas.

4. ¿Qué norma regula la estructura de los Presupuestos de las Entidades Locales?

a) Orden EHA/3565/2006, de 3 de diciembre, por la que se aprueba la estructura de los Presupuestos de las Entidades Locales de los bienes de uso privado.

b) Orden EHA/3565/2008, de 3 de diciembre, por la que se aprueba la estructura de los Presupuestos de las Entidades Locales.

c) Orden de 20 de septiembre de 1989 por la que se establece la estructura de los presupuestos de las entidades locales.

d) Orden EHA/3565/2005, de diciembre, por la que se aprueba la estructura de los presupuestos de las entidades locales.

5. Dentro de las áreas de gasto del presupuesto, se incluye en el área de gasto 2 referente a Actuaciones de protección y promoción social:

a) Seguridad y movilidad ciudadana.

b) Pensiones.

c) Cultura.

d) Agricultura, ganadería y pesca.

6. ¿En qué área de gasto se incluye la política de gasto denominada "Infraestructuras"?

a) Actuaciones de carácter económico.

b) Actuaciones de carácter general.

c) Producción de bienes públicos de carácter preferente.

d) Deuda pública.

7. ¿En qué área de gasto se incluye la política de gasto denominada "Administración financiera y tributaria"?

a) Actuaciones de carácter general.

b) Actuaciones de carácter económico.

c) Actuaciones de protección y promoción social.

d) Producción de bienes públicos de carácter preferente.

8. ¿En qué área de gasto se incluye la política de gasto denominada "Sanidad"?

a) Producción de bienes públicos de carácter preferente.

b) Actuaciones de protección y promoción social.

c) Servicios públicos básicos.

d) Actuaciones de carácter general.

9. ¿En qué área de gasto se incluye la política de gasto denominada "Fomento del empleo"?

a) Servicios públicos básicos.

b) Actuaciones de protección y promoción social.

c) Actuaciones de carácter económico.

d) Actuaciones de carácter general.

10. En relación con la Clasificación Económica de los Gastos del Presupuesto de las Entidades Locales se distingue entre:

a) Operaciones abiertas y cerradas.

b) Operaciones limitadas y no limitadas.

c) Operaciones financieras y no financieras.

d) Operaciones a préstamo y liberadas.

En MADTEST tienes **más preguntas de este tema**, y todos tus avances quedan registrados y se reflejan en el ranking.

¡Supera tus límites con MADTEST!

Solución al test n.º 31

1. b) La expresión cifrada, conjunta y sistemática de las obligaciones que, como máximo, pueden reconocer la Entidad y sus Organismos Autónomos.

2. c) Las respuestas a) y b) son correctas.

3. d) Todas respuestas son correctas.

4. b) Orden EHA/3565/2008, de 3 de diciembre, por la que se aprueba la estructura de los Presupuestos de las Entidades Locales.

5. b) Pensiones.

6. a) Actuaciones de carácter económico.

7. a) Actuaciones de carácter general.

8. a) Producción de bienes públicos de carácter preferente.

9. b) Actuaciones de protección y promoción social.

10. c) Operaciones financieras y no financieras.

TEST N.º 32

La Administración al servicio de la ciudadanía: Atención al público. Información general y particular a la ciudadanía. Las funciones de atención la ciudadanía. Los servicios de información administrativa

1. En el trato a un cliente presuntuoso, no es correcto:

a) Mostrar humildad.
b) Competir con él.
c) Mostrar mucha amabilidad.
d) Adularle alguna vez.

2. En el trato a un cliente escéptico, no es correcto:

a) Mostrar paciencia y perseverancia.
b) Ser sincero.
c) Mantenerse firme y a distancia.
d) Dar garantías.

3. No es correcto, en relación con el comportamiento agresivo de un ciudadano cliente la siguiente afirmación:

a) El agresivo se enfadará con el representante de la Administración, aun sabiendo que no es el culpable de sus problemas.
b) El funcionario no debe perder las buenas maneras y no dar respuestas que puedan ser interpretadas como una provocación.
c) Se intentará frenar la parte irracional de su comportamiento y negociar, haciéndole sentir que su problema nos preocupa.
d) No es conveniente aplicar en esta situación la escucha activa.

4. ¿Cuál de los siguientes tipos de comportamiento se caracteriza por dar afirmaciones claras, expresarse con franqueza y de manera constructiva?

a) Comportamiento asertivo.
b) Comportamiento pasivo.

c) Comportamiento agresivo.

d) Comportamiento pasivo-agresivo.

5. Para establecer un tono positivo con los clientes que no tienen razón en sus argumentos, hemos de:

a) Decirles que no llevan la razón.

b) Decirles que están equivocados.

c) Hacerles sentir culpables.

d) Esforzarnos en ser positivos en nuestras respuestas.

6. Parafrasear es una forma de asegurar nuestra comprensión del mensaje diciéndole al cliente lo que pensamos o lo que hemos comprendido:

a) Añadiendo la información no incluida por el cliente.

b) Asegurándonos de que nuestro tono incluye juicio.

c) Asegurándonos de que nuestro tono incluye evaluación.

d) Dando a entender al cliente que queremos saber si entendemos adecuadamente su mensaje.

7. Cuando los clientes se acercan a la Administración, a menudo nos encontramos con la tarea de tener que explicar un asunto o un servicio. No es cierto que en la explicación:

a) Nos aseguraremos de dar la información correcta.

b) Evitaremos los tecnicismos, utilizando un lenguaje simple y coloquial y educado.

c) Utilizaremos explicaciones de carrerilla, para no ser desigual con otros clientes.

d) No asumiremos que el cliente sabe de temas de la Administración, facilitándole los detalles imprescindibles.

8. ¿Cuál de las siguientes opciones es correcta en cuanto a convencer al cliente?

a) Convencer es coaccionar al cliente para que este realice algo que no desea.

b) Tenemos que persuadirle.

c) Los ciudadanos quieren creer lo que les decimos.

d) No es tarea del personal de la Administración ganarse la confianza que quieran depositar en él.

9. Para tratar a un cliente enfadado, aplicando la técnica de la escucha activa:

a) Miraremos al ciudadano directamente. Esto implica que prestamos toda nuestra atención a la conversación con el cliente.

b) Cruzaremos los brazos o las piernas, para hacer pensar al cliente que estamos dispuestos a escucharle.

c) Le miraremos a los ojos fijamente por largo tiempo.

d) Mantendremos una postura rígida e inamovible.

10. La escucha activa es una técnica que nos va a permitir, mediante un lenguaje no verbal, tranquilizar y relajar el ánimo de nuestro cliente. ¿Cuál de las siguientes frases es correcta?

a) Primero la persona, después el problema. Primero los sentimientos, después los hechos.

b) Primero la persona, después los sentimientos. Primero el problema, después los hechos.

c) Primero los sentimientos, después la persona. Primero los hechos, después el problema.

d) Primero el problema, después la persona. Primero los hechos, después los sentimientos.

En MADTEST tienes **más preguntas de este tema**, y todos tus avances quedan registrados y se reflejan en el ranking.

¡Supera tus límites con MADTEST!

Solución al test n.º 32

1. b) Competir con él.

2. c) Mantenerse firme y a distancia.

3. d) No es conveniente aplicar en esta situación la escucha activa.

4. a) Comportamiento asertivo.

5. d) Esforzarnos en ser positivos en nuestras respuestas.

6. d) Dando a entender al cliente que queremos saber si entendemos adecuadamente su mensaje.

7. c) Utilizaremos explicaciones de carrerilla, para no ser desigual con otros clientes.

8. c) Los ciudadanos quieren creer lo que les decimos.

9. a) Miraremos al ciudadano directamente. Esto implica que prestamos toda nuestra atención a la conversación con el cliente.

10. a) Primero la persona, después el problema. Primero los sentimientos, después los hechos.

Herramientas ofimáticas de Código Abierto (LibreOffice): Writer, el procesador de textos; Calc, la hoja de cálculos; Impress, el editor de presentaciones; Base, base de datos e interfaz con otras bases de datos

1. Para moverse al inicio del documento con el teclado, ¿qué debe pulsar?

a) RePág.
b) Inicio.
c) Ctrl + Inicio.
d) Alt + Inicio.

2. Para seleccionar todo el documento, ¿qué tecla debe pulsar?

a) Ctrl + E.
b) Ctrl + C.
c) Ctrl + V.
d) Ctrl + X.

3. ¿Qué tecla debe mantener pulsada para seleccionar junto con las teclas de desplazamiento (arriba, abajo, izquierda y derecha)?

a) Ctrl.
b) Enter.
c) Alt.
d) Shift.

4. La celda de la fila 2 y columna B, ¿cómo se referencia?

a) 2B.
b) B2.
c) Las dos opciones primeras son correctas.
d) Las dos opciones primeras son falsas.

5. ¿Cómo se referencia el rango que va de la celda A1 hasta la celda A10?

a) 1A:10A.
b) A10:A1.

c) A1:A10.
d) A1, A10.

6. ¿Cuántas columnas tiene una hoja de cálculo?

a) 3 por defecto.
b) Las que se ven en pantalla.
c) 65.635.
d) 1024.

7. En una tabla, el campo que tiene que tener siempre se denomina:

a) Llave primitiva.
b) Llave primaria.
c) Llave principal.
d) Llave óptima.

8. ¿En qué casos la llave primaria puede estar sin valor?

a) Cuando es de tipo Integer.
b) En ningún caso.
c) Cuando es de tipo fecha.
d) Cuando es de tipo Numeric.

9. En el tipo Integer, ¿hasta cuántos dígitos puede tener el dato?

a) Hasta 4.
b) Hasta 5.
c) Hasta 6.
d) Hasta 10.

10. El programa de LibreOffice de diapositivas se denomina:

a) Power Point.
b) Calc.
c) Writer.
d) Impress.

En MADTEST tienes **más preguntas de este tema**, y todos tus avances quedan registrados y se reflejan en el ranking.

¡Supera tus límites con MADTEST!

Solución al test n.º 33

1. c) Ctrl + Inicio.

2. a) Ctrl + E.

3. d) Shift.

4. b) B2.

5. a) 1A:10A.

6. d) 1024.

7. b) Llave primaria.

8. b) En ningún caso.

9. d) Hasta 10.

10. d) Impress.

TEST N.º 34

Factura electrónica. Regulación de las obligaciones de facturación. El impulso de la factura electrónica y Registro Contable de facturas. Uso obligado de la factura electrónica. Registro de Entrada en las Entidades Locales (Punto General de Entrada y Registro Contable). Tramitación de facturas. Periodo medio de pagos a proveedores/as. Plataforma de facturación electrónica (Face)

1. ¿Qué Ley impulsa la factura electrónica y crea el registro contable de facturas en el Sector Público?

a) La Ley 25/2025 de 27 de diciembre.
b) La Ley 39/2015 de 1 de octubre.
c) La Ley 40/2015 de 1 de octubre.
d) La Ley 25/2013 de 27 de diciembre.

2. ¿Cuál es el Punto general de entrada de facturas electrónicas de la AGE?

a) REG- AGE.
b) FACe.
c) CACe.
d) Facturae.

3. ¿Cuál de las siguientes no es parte del objeto de la Ley que regula la facturación en el sector público?

a) Impulsar el uso de la factura electrónica.
b) Crear el registro contable de sociedades.
c) Regular el procedimiento para la tramitación de las facturas en las Administraciones públicas, como vimos, con carácter básico.
d) Determinar las actuaciones de seguimiento por los órganos competentes.

4. ¿En cuál de los siguientes supuestos no es obligatorio remitir una factura, según el Real Decreto 1619/2012, de 30 de noviembre?

a) Cuando el destinatario sea un empresario o profesional que actúe como tal.
b) Cuando sea una entrega de bienes destinados a otro Estado miembro.
c) Cuando sea una entrega de bienes expedidos o transportados fuera de la Comunidad Europea.
d) Cuando sea dirigida hacia cualquier entidad integrante del sector público.

5. Señala la opción correcta respecto los órganos o unidades administrativas que tengan atribuida la función de contabilidad en las Administraciones Públicas:

a) Elaborarán un informe trimestral con la relación de las facturas con respecto a las cuales hayan transcurrido más de un mes desde que fueron anotadas y no se haya efectuado el reconocimiento de la obligación.
b) Elaborarán un informe trimestral con la relación de las facturas con respecto a las cuales hayan transcurrido más de dos meses desde que fueron anotadas y no se haya efectuado el reconocimiento de la obligación.
c) Elaborarán un informe trimestral con la relación de las facturas con respecto a las cuales hayan transcurrido más de tres meses desde que fueron anotadas y no se haya efectuado el reconocimiento de la obligación.
d) Elaborarán un informe trimestral con la relación de las facturas con respecto a las cuales hayan transcurrido más de seis meses desde que fueron anotadas y no se haya efectuado el reconocimiento de la obligación.

6. En relación al informe al que se refiere la pregunta anterior, ¿en qué plazo será remitido al órgano de control interno?

a) Dentro de los diez días siguientes a cada trimestre natural.
b) Dentro de los quince días siguientes a cada trimestre natural.
c) Dentro de los veinte días siguientes a cada trimestre natural.
d) Dentro de los treinta días siguientes a cada trimestre natural.

7. ¿Qué norma desarrolla los términos del registro contable de facturas?

a) La Orden HAP/492/2014, de 27 de marzo.
b) La Orden HAP/492/2013, de 27 de marzo.
c) La Orden HAP/492/2016, de 27 de marzo.
d) La Orden HAP/492/2015, de 27 de marzo.

8. El proveedor que remita una factura electrónica, tiene derecho a conocer los siguientes estados de la factura:

a) Si ha sido pagada; anulada; y reconocida.
b) Si ha sido pagada; anulada; y rechazada.

c) Si ha sido pagada; anulada; y comprometida.
d) Si ha sido pagada; anulada; y ordenada a supervisión.

9. ¿Qué plazo posee un proveedor, a contar desde la fecha de entrega efectiva de las mercancías o la prestación de servicios, para presentar la respectiva factura?

a) Cinco días.
b) Diez días.
c) Quince días.
d) Treinta días.

10. La facturación electrónica queda comprendida como:

a) En todo caso, como un derecho y un deber.
b) En todo caso, como un derecho, y dependiendo de los casos como un deber.
c) En todo caso, como deber, y dependiendo de los casos como un derecho.
d) Siempre es obligatorio remitir una factura electrónicamente.

En MADTEST tienes **más preguntas de este tema**, y todos tus avances quedan registrados y se reflejan en el ranking.

¡Supera tus límites con MADTEST!

Solución al test n.º 34

1. d) La Ley 25/2013 de 27 de diciembre.

2. b) FACe.

3. b) Crear el registro contable de sociedades.

4. d) Cuando sea dirigida hacia cualquier entidad integrante del sector público.

5. c) Elaborarán un informe trimestral con la relación de las facturas con respecto a las cuales hayan transcurrido más de tres meses desde que fueron anotadas y no se haya efectuado el reconocimiento de la obligación.

6. b) Dentro de los quince días siguientes a cada trimestre natural.

7. a) La Orden HAP/492/2014, de 27 de marzo.

8. b) Si ha sido pagada; anulada; y rechazada.

9. d) Si ha sido pagada; anulada; y ordenada a supervisión.

10. b) En todo caso, como un derecho, y dependiendo de los casos como un deber.

Cómo acceder al Curso

Auxiliar Administrativo/a
Test del temario

El uso de los códigos **es exclusivo de los compradores de los productos de Editorial MAD**. Cada producto posee un código único y de un solo uso. Es personal e intransferible y da acceso a servicios y contenidos adicionales. Editorial MAD se reserva el derecho de hacer cuantas comprobaciones sean necesarias para identificar al legítimo poseedor del código y dejar de dar servicio a quien haga uso fraudulento del mismo, además de emprender cuantas acciones legales estime oportunas según la legislación vigente.

Deberás acceder a:

mad.es/registro-campus

Si una vez aceptadas las condiciones de uso del Campus decides hacer uso del mismo, necesitarás del siguiente código de acceso junto con los códigos del resto de títulos que se exigen (si fuera el caso):

CL9FSX2VGN